大人だって本当は知らない

10才からの気持《き》ち《も》を上手に伝える方法

監修
大野萌子
公認心理師

マン
パン

永岡書店

はじめに

はじめまして。コミュニケーションの専門家《せんもんか》の大野萌子《おおのもえこ》といいます。

みなさんは〝ハラスメント〟という言葉《ことば》を知《し》っていますか。「相手《あいて》のいやがることをすること」を指《さ》す言葉《ことば》です。セクハラやパワハラなど、○○ハラと短《みじか》く表現《ひょうげん》されることが多《おお》く、これらは大《おお》きな社会問題《しゃかいもんだい》となって、やってはいけないこととして法律《ほうりつ》も作《つく》られました。

もちろん、わざと相手《あいて》にダメージを与《あた》えるようなひどい言葉《ことば》を使《つか》わない方《ほう》がよいことは、みなさんもおわかりだと思《おも》います。しかし、そんなつもりはなかったのに、相手《あいて》を悲《かな》しませてしまったり、けんかになってしまったことはないでしょうか。これらはすべてミスコミュニケーション（やり取《と》りがうまくいっていないこと）の問《もん》題《だい》で、私《わたし》はそのコミュニケーションがうまくいくようにアドバイスをする仕事《しごと》をしています。

コミュニケーションは、相手《あいて》があることなので、どうしても「相手《あいて》の反応《はんのう》」が気《き》になります。「どう思《おも》われるかな」と考《かんが》えてしまうと、不安《ふあん》になったり遠慮《えんりょ》したりして、本当《ほんとう》の「自分《じぶん》の気持《きも》ちや考《かんが》え」をはっきりと言《い》いづらくなります。ゆえに、あいまいな言葉《ことば》でにごしたり、遠回《とおまわ》しに言《い》ったりしてしまうのです。

日本《にほん》には「察《さっ》する文化《ぶんか》」があり、多《おお》くを言《い》わなくてもわかってくれるだろうと期《き》待《たい》してしまうこともあります。しかし残念《ざんねん》ながら、これではみなさんの思《おも》いは、相《あい》手《て》にきちんととどきません。それなのに、「何《なん》でわかってくれないの！」と、怒《いか》りや悲《かな》しさを感《かん》じてしまうことがあります。

そもそもはっきりと伝《つた》えていないのに、そんなふうに相手《あいて》のせいにするのはおかしいですよね。やり取《と》りがうまくいかないときは、このようなことが多《おお》く起《お》こっています。ですから、相手《あいて》にわかる言葉《ことば》で、はっきりと発信《はっしん》することが大切《たいせつ》なのです。そのために必要《ひつよう》なのは、「自分《じぶん》の意思《いし》を自分《じぶん》でわかっていること」です。でも、それができている人《ひと》は少《すく》なく、実《じつ》は大人《おとな》でも多《おお》くありません。

ステキだな、好《す》きだな、あんなふうになりたいな、と思《おも》える人《ひと》を周《まわ》りにいっぱいふやしていくと、いつの間《ま》にかあなた自身《じしん》が、よりステキな人《ひと》になっています。「言葉《ことば》」を大事《だいじ》にすることで、よい人間関係《にんげんかんけい》を築《きず》き、これからの人生《じんせい》が豊《ゆた》かで楽《たの》しいものになりますように。

やっほ〜!
わたしはまい、こっちは双子《ふたご》のきょうだいのみいだよ!!
みい&まい
My
こ…こんにちは…
Me
はじめに、わたしたちの〝超感動《ちょうかんどう》ヒストリー〟を紹介《しょうかい》するね。
わたし、まいは小《ちい》さいころ、すごく人見知《ひとみし》りで内気《うちき》な子《こ》だったんだけど…。
5才《さい》
?
ある歌番組《うたばんぐみ》を見《み》て、人生《じんせい》が変《か》わったんだ。
キミにトッキュー!
超特快 ちょうとっかい
わああ…!
だれこの人《ひと》…!?
カッコいい〜♥
超特快《ちょうとっかい》/レオ

レオ様《さま》のおかげで、歌《うた》とダンスが大好《だいす》きになったんだ。
劇団《げきだん》に入《はい》ってもいい？
イイネ！
若《わか》かりしパパとママ
双子《ふたご》ちゃんかわいい〜♡
ダヨネ！
劇団《げきだん》おかわり
それで、劇団《げきだん》に入《はい》って毎日《まいにち》レッスンして、楽《たの》しい仲間《なかま》もたくさんふえていったんだよ。
で、今《いま》では歌《うた》っておどれるスペシャル小学生《しょうがくせい》ってわけ!!
あははは…
へえ〜〜！
昔《むかし》は内気《うちき》だったんだね。まいみょん、
今《いま》からは想像《そうぞう》できないね。
自分《じぶん》の紹介《しょうかい》しかしてないわね…
テヘ！
劇団《げきだん》おかわりの仲間《なかま》たち
みい

タイプしんだん ③

チェックの合計《ごうけい》	♥	♠	◆	♣	★	◎
	こ	こ	こ	こ	こ	こ

Q4
思《おも》いどおりにならないと、他人《たにん》のせいにしてしまうことがある。

Q5
人《ひと》に合《あ》わせて決《き》めることが多《おお》い。

Q6
思《おも》いついたことは、すぐにだれかに伝《つた》えたい。

Q10
言葉《ことば》が出《で》てこなくて、だまってしまうときがある。

Q11
いつどのタイミングで話《はな》せばいいのかがわからない。

Q12
説明《せつめい》するのがめんどうになってしまうことがある。

Q16
今《いま》までの質問《しつもん》で、当《あ》てはまるものは何《なに》もなかった。

Q17
会話《かいわ》をしているとき、自分《じぶん》と相手《あいて》の気持《きも》ちがカンペキに理解《りかい》できている。

同《おな》じ数《かず》になったところは、両方《りょうほう》に当《あ》てはまっている可能性《かのうせい》が高《たか》いということですぞ！

自分《じぶん》の気持《きも》ちを言葉《ことば》にしていないタイプ
→20ページ

相手《あいて》の様子《ようす》がわかっていないタイプ
→21ページ

きみの気持《きも》ちの伝《つた》え方《かた》はカンペキかも!?　でも、この本《ほん》は参考《さんこう》になるから読《よ》んでみてね！

気《き》持《も》ちの伝《つた》え方《かた》

下《した》の質問《しつもん》に答《こた》えて、当《あ》てはまるものをチェックしよう。
選《えら》んだ数《かず》がいちばん多《おお》かったマークが、きみの弱点《じゃくてん》かも!?

Q1

話《はな》しかけても気《き》づかれないことがある。

Q2

「何《なに》を考《かんが》えているのかわからない」とよく言《い》われる。

Q3

かんちがいして覚《おぼ》えていることが多《おお》い。

Q7

「別《べつ》に」「何《なん》でもいい」と言《い》いがち。

Q8

「文句《もんく》が多《おお》い」と言《い》われることがある。

Q9

イラッとすると、どなってしまうことがある。

Q13

言《い》いたいことと、ちがう受《う》け取《と》られ方《かた》をされてしまう。

Q14

はらが立《た》つと、思《おも》ったことをそのまま口《くち》走《ばし》ってしまう。

Q15

自分《じぶん》がどうしたいか、わからないときがある。

自分《じぶん》の気持《きも》ちが
よくわかっていない
タイプ
→17ページ

怒《いか》りをぶつける
だけになっている
タイプ
→18ページ

使《つか》う言葉《ことば》を
まちがえている
タイプ
→19ページ

わたしは♡タイプかなあ？
全《ぜん》クリ～♪
わたしは欠点《けってん》がないから◎タイプ!!
ないないない
タイプしんだん
フォッフォッフォッ
ん？
そんなカンペキな人《ひと》など、どこにもいませんぞ…。
バ～ン!
そう、ワタクシ以外《いがい》はね!!
おっと！
登場《とうじょう》はまだ先《さき》でしたな。
さっきの声《こえ》なに!?
さぁ…？

読《よ》めばゼッタイ役《やく》に立《た》つ!!

PART 1 自分《じぶん》の心《こころ》と向《む》き合《あ》おう

わたしの心《こころ》…?
空気《くうき》を読《よ》めってこと?

PART 2 言《い》い方《かた》や伝《つた》え方《かた》を考《かんが》えよう

ほ～
なやみ、あるよねえ。

PART 3 みんなのおなやみ相談室《そうだんしつ》

知《し》ってるぜ、敬語《けいご》だろ!?
だからあ、わたしはカンペキだってばあ!!

PART 4 上手《じょうず》に伝《つた》える工夫《くふう》をしよう

じと～
・・・・
さあ、いっしょに学《まな》んでいきましょう。

もくじ

はじめに …… 2
気《き》持《も》ちの伝《つた》え方《かた》タイプしんだん …… 6
この本《ほん》に出《で》てくる子《こ》たち …… 12

PART 1 自《じ》分《ぶん》の心《こころ》と向《む》き合《あ》おう …… 13

その言《い》い方《かた》じゃ伝《つた》わらない！ …… 14
自《じ》分《ぶん》の気《き》持《も》ちをよく見《み》つめよう！ …… 22
怒《いか》りの感《かん》情《じょう》について知《し》ろう …… 28
気《き》持《も》ちにぴったり合《あ》う言《こと》葉《ば》をさがそう …… 32
コラム1 生《い》き物《もの》も気《き》持《も》ちを伝《つた》え合《あ》っている！ …… 36

PART 2 言《い》い方《かた》や伝《つた》え方《かた》を考《かんが》えよう …… 37

話《はな》しやすくなる言《こと》葉《ば》がある!? …… 38
使《つか》うと危《き》険《けん》な言《こと》葉《ば》がある!? …… 48
表《ひょう》情《じょう》や態《たい》度《ど》も言《こと》葉《ば》の一《いち》部《ぶ》になる！ …… 56
話《はなし》を聞《き》くときに大《だい》事《じ》なことって何《なん》だろう？ …… 62
突撃《とつげき》！インタビュー 手《しゅ》話《わ》で気《き》持《も》ちを伝《つた》えるには？
《手《しゅ》話《わ》通《つう》訳《やく》士《し》》 南《みなみ》瑠《るる》霞《か》先《せん》生《せい》 …… 68
コラム2 手《しゅ》話《わ》で表《ひょう》現《げん》してみよう …… 72

PART 3 みんなのおなやみ相《そう》談《だん》室《しつ》 …… 73

❶ あやまってるのに、
どうして怒《おこ》られなきゃならないんですか？ …… 74
❷ どうしても素《す》直《なお》にあやまれません… …… 76
❸ 仲《なか》良《よ》くなりたいのに、
さけられてるみたいなんです… …… 78
❹ 断《ことわ》られるのがこわくてさそえません… …… 80
❺ 気《き》をつかっちゃってうまく断《ことわ》れません… …… 82
❻ やめてって言《い》ってるのに、
からかわれてしまいます… …… 84
❼ 質《しつ》問《もん》に答《こた》えたくないときは、
どうしたらいいですか？ …… 86
❽ 友《とも》だちの失《しっ》敗《ぱい》を注《ちゅう》意《い》したら、
ぼくが責《せ》められました… …… 88
❾ ほめたのに、怒《おこ》らせてしまいました… …… 90
❿ 悪《わる》口《くち》大《たい》会《かい》に参《さん》加《か》したくないです。
どうしたらいいですか？ …… 92
⓫ 大《おお》勢《ぜい》で話《はな》すのが苦《に》手《がて》です… …… 94
⓬ 「別《べつ》にいいけど」って
言《い》っちゃダメなんですか？ …… 96

13 注意《ちゅうい》をしているのに、だれも聞《き》いてくれません…… 98

14 いっぱいほめたら、いやがられちゃいました…… 100

15 借《か》りたマンガをよごしちゃったこと、なかなか言《い》い出《だ》せないんです…… 102

16 親切《しんせつ》で教《おし》えてあげているのに、わかってくれないんです…… 104

17 やりたくないって伝《つた》えたかっただけなのに、おしゃべりが終《お》わっちゃいました…… 106

18 ほめられると、どうしていいかわからなくて、にげたくなっちゃいます…… 108

19 「今日《きょう》どうだった？」の質問《しつもん》に答《こた》えるのがいつもめんどうです…… 110

20 「どっちなの？」ってよく言《い》われるんです…… 112

21 「絶対《ぜったい》」って言《い》えば言《い》うほど、スルーされちゃいます…… 114

22 「そんなことも知《し》らないの？」が口《くち》グセになっているみたいです…… 116

23 会話《かいわ》のとちゅうで、シーンとなるのが気《き》まずいです…… 118

24 ぼくの「ちょっと」と、みんなの「ちょっと」がちがうみたいです…… 120

25 思《おも》ったことを言《い》ったら、相手《あいて》が落《お》ちこんじゃいました…… 122

26 落《お》ちこんでいる友《とも》だちをはげましたのに、逆《ぎゃく》ギレされました…… 124

27 クラスの人気者《にんきもの》になりたいんです！…… 126

28 「何時何分何秒《なんじなんぷんなんびょう》のこと!?」って言《い》われても困《こま》っちゃいます…… 128

29 「だから何《なに》？」って言《い》ってもよくないですか？…… 130

30 好《す》きな人《ひと》にふられちゃった。もう消《き》えちゃいたいです…… 132

コラム3 気持《きも》ちを表《あらわ》す言葉《ことば》クイズ…… 134

PART 4 上手《じょうず》に伝《つた》える工夫《くふう》をしよう…… 135

話《はな》す順番《じゅんばん》を考《かんが》えよう…… 136

事実《じじつ》と意見《いけん》を区別《くべつ》して話《はな》そう…… 140

意見《いけん》の理由《りゆう》を説明《せつめい》しよう…… 144

敬語《けいご》を上手《じょうず》に使《つか》おう…… 148

場面《ばめん》に合《あ》った伝《つた》え方《かた》を身《み》につけていこう…… 152

おわりに［保護者《ほごしゃ》のかたへ］…… 158

この本《ほん》に出《で》てくる子《こ》たち

双子《ふたご》のきょうだい

みいみょん

おっとりしている。言《い》いたいことを言《い》えずにがまんしてしまうことがある。

まいみょん

ハキハキしていて直感型《ちょっかんがた》。たまに言《い》い過《す》ぎてしまうことがある。

劇団《げきだん》おかわりの仲間《なかま》たち

みいとまいのいとこで、このふたりも双子《ふたご》

ゆうくん

頭《あたま》がよくて、何《なん》でもはっきりズバズバ言《い》う。

ゆあくん

元気《げんき》でやんちゃ。正確《せいかく》に伝《つた》えるのが少《すこ》し苦手《にがて》。

しいちゃん

リーダータイプのしっかり者《もの》。断《ことわ》るのが苦手《にがて》。

はあちゃん

いつもにこにこ明《あか》るい。好《す》きな人《ひと》がたくさんいる。

Mo.《マエストロ》チュルル

自称《じしょう》“気持《きも》ちの伝道師《でんどうし》”

マエストロとは、指揮者《しきしゃ》のこと。

ひむくん

かっこつけ屋《や》で、ちょっとひねくれたところがある。

いっとん

みんなにやさしい。空気《くうき》が読《よ》めないのがなやみ。

PART 1

自分《じぶん》の心《こころ》と
向《む》き合《あ》おう

その言《い》い方《かた》じゃ伝《つた》わらない！

ジャーン!!
ジャン!ジャン!ジャン!
ちょっと!! みい、うるさいよ!!
ま〜た始《はじ》まった!
もとはといえば、まいのせいでしょ!!
みいみょん
双子《ふたご》
え〜?
わたしは親切《しんせつ》で言《い》っただけなのに〜。
まいみょん
なんでそんな怒《おこ》ってんの?
プイッ!
?
みいはもっとダンスの練習《れんしゅう》しないと、オーディションに落《お》ちるよ。
わたし、ちゃんと練習《れんしゅう》してるもん…。
まいのバカ!!

そんなにバンバン
たたいたら…
ブルブル…
えっ？
痛《いた》いんですぞ〜!!
ピョーッ!
え〜!?
ネコ!?!!
スタッ!
ワタクシはMo.《マエストロ》チュルル、
ピアノの妖精《ようせい》です。
「気持《きも》ち」の伝道師《でんどうし》
でもありますぞ!!
ジャーーン!
みいみょんは、
何《なに》やらお怒《いか》り
でしたが…。
ドキ!
このことをご存知《ぞんじ》
ではないのですか!?
〜座右《ざゆう》の銘《めい》〜
気持《きも》ちは
言《い》わなきゃ
伝《つた》わらない！
え?え?
ていうか
どこのネコ?

伝《つた》えるための大切《たいせつ》なことがある

同《おな》じことを言《い》われても、言葉《ことば》の受《う》け取《と》り方《かた》は人《ひと》それぞれちがうよ。たとえば、きみが「すごいね」と友《とも》だちのことをほめたつもりでも、「うれしいな」と喜《よろこ》ぶ人《ひと》もいれば、「そんなことないよ」とはずかしがる人《ひと》、「えっ…」とふきげんになる人《ひと》、いろいろな人《ひと》がいるんだ。

それに、元気《げんき》なときと、ねむくて仕方《しかた》がないときとでは「ちょっと手伝《てつだ》って」と言《い》われた言葉《ことば》にも、感《かん》じ方《かた》が変《か》わったりすることがあるんじゃないかな。こんなふうに、**受《う》け取《と》り方《かた》は人《ひと》によってちがうし、そのときどきで感《かん》じ方《かた》が変《か》わったりもする**んだ。

だから、自分《じぶん》の気持《きも》ちをしっかりと見《み》つめて、ていねいな伝《つた》え方《かた》をすることが大切《たいせつ》なんだよ。まずは、言《い》いたいことがうまく伝《つた》わらない場合《ばあい》の理由《りゆう》を考《かんが》えてみよう。

人《ひと》それぞれのちがいが、性格《せいかく》や個性《こせい》ってやつですぞ！

なに〜〜？
フッ…
あはは〜
キャ〜〜〜!!
My
ダッシュ！
DASH!
あわわ…

伝《つた》わらない理由《りゆう》1

自分《じぶん》の気持《きも》ちがよくわかっていない

みっちゃんは、公園《こうえん》に行《い》きたいんだよね？
あれ？
え？ マンガ読《よ》みたいんじゃなかった？
マンガ
うーん、そ、そうだね…。えっと、わたしは、うーん…。

♥こんな子《こ》は注意《ちゅうい》

- 他人《たにん》の言葉《ことば》によくもやもやする。
- 周《まわ》りの人《ひと》の意見《いけん》に合《あ》わせることが多《おお》い。
- 話《はな》している途中《とちゅう》で言《い》いたいことがわからなくなる。
- 後《あと》になってから、自分《じぶん》の気持《きも》ちに気《き》づくことがある。

自分《じぶん》がわかっていない気持《きも》ちは他人《たにん》にもわからないよ。あいまいなままだと、きみの態度《たいど》で判断《はんだん》されて「こうなのかなあ」と勝手《かって》に思《おも》われてしまうよ。まずは、自分《じぶん》の正直《しょうじき》な気持《きも》ちを知《し》って言葉《ことば》で伝《つた》えよう。そこから会話《かいわ》が始《はじ》まるよ。

Mo.《マエストロ》チュルルの一言《ひとこと》

自分《じぶん》の気持《きも》ちを見《み》つめてみよう

伝《つた》わらない理由《りゆう》②

怒《いか》りをぶつけるだけになっている

あんたが
ミスしたせいで
負《ま》けたん
だからね!
ウザッ!!
あっち
行《い》ってろよ。
なによ〜!

♠こんな子《こ》は注意《ちゅうい》

- すぐにかっとなって怒《おこ》ってしまう。
- ちょっとしたことでけんかになってしまう。
- 「バカ」「ウザッ」「はあ?」などとつい言《い》ってしまう。
- 「あんなこと言《い》わなければよかった」と後悔《こうかい》しがち。

他人《たにん》の言葉《ことば》や行動《こうどう》に、はらが立《た》つことってあるよね。そんなときに、自分《じぶん》が感《かん》じた怒《いか》りをそのままぶつけてしまうと、相手《あいて》をきずつけたりけんかの原因《げんいん》になったりするかもしれないよ。まずは気持《きも》ちを落《お》ち着《つ》けて、冷静《れいせい》な言葉《ことば》で伝《つた》えるようにしよう。

Mo.《マエストロ》チュルルの一言《ひとこと》

かっとしたら、まず深呼吸《しんこきゅう》!

伝《つた》わらない理由《りゆう》3

使《つか》う言葉《ことば》をまちがえている

マロンちゃんの名前《なまえ》って、ペットみたいでかわいいね。
えっ…あっ、ありがとう。
ワン！
プリン
うちの犬《いぬ》のプリンみたいでかわいい♡
ペット!? ペットってどういうこと!?
!?
わたしが!?

◆こんな子《こ》は注意《ちゅうい》

- あいまいな言葉《ことば》で、相手《あいて》にかんちがいされることがある。
- 「ヤバい」が口《くち》グセ。
- 思《おも》ったことを、よく考《かんが》えずにそのまま言《い》いがち。
- 「そんなつもりで言《い》ったんじゃない」とよく思《おも》う。

相手《あいて》に意味《いみ》が伝《つた》わらなければ、会話《かいわ》にはならないよ。正確《せいかく》に伝《つた》えるためには、思《おも》ったことをそのまま言《い》うのではなく、意味《いみ》のはっきりした言葉《ことば》を使《つか》うようにしたり、相手《あいて》を思《おも》いやる言葉《ことば》に言《い》いかえたりしよう。

Mo.《マエストロ》チュルルの一言《ひとこと》

適切《てきせつ》な言葉《ことば》選《えら》びをしよう

伝《つた》わらない理由《りゆう》 4

自分《じぶん》の気持《きも》ちを言葉《ことば》にしていない

え、いちご味《あじ》じゃないの？いちご好《す》きなの知《し》ってるじゃん。
だから、聞《き》いたじゃない！
アイス、何《なに》味《あじ》がいい？
何《なん》でもいい〜

こんな子《こ》は注意《ちゅうい》

- 自己主張《じこしゅちょう》をするのが苦手《にがて》。
- 「別《べつ》に」「ふつう」「何《なん》でもいい」と返事《へんじ》をしがち。
- 言葉《ことば》を最後《さいご》まではっきり言《い》わない。
- 言葉《ことば》にしなくても、家《いえ》の人《ひと》や友《とも》だちは、自分《じぶん》のことをだいたいわかっているはずだと思《おも》っている。

相手《あいて》の態度《たいど》や様子《ようす》から、気持《きも》ちを想像《そうぞう》することはできても、くわしいことまではわからないよね。気持《きも》ちは言葉《ことば》にして伝《つた》えよう。自分《じぶん》の意見《いけん》を言《い》うことはわがままとはちがうから、人《ひと》とちがっても大丈夫《だいじょうぶ》だよ。

Mo.《マエストロ》チュルルの一言《ひとこと》

言葉《ことば》にしなきゃ伝《つた》わらないよ

伝《つた》わらない理由《りゆう》 5

相手《あいて》の様子《ようす》がわかっていない

これはですね…。
ここがよくわからないんです。
ねえねえ！
明日《あした》、遊《あそ》ぼうよ！

★こんな子《こ》は注意《ちゅうい》

- 話《はな》しかけて「ちょっと待《ま》って」と言《い》われることが多《おお》い。
- 思《おも》ったことはとりあえず全部《ぜんぶ》伝《つた》えたい。
- 一方的《いっぽうてき》に話《はな》して、相手《あいて》の話《はなし》を聞《き》いていない。
- 自分《じぶん》の気《き》持《も》ちをおしつけてしまいがち。

きみが先生《せんせい》と話《はな》しているのに、いきなり友《とも》だちが「明日遊《あしたあそ》ぼうぜ」なんてわりこんできたら、返事《へんじ》に困《こま》るよね。こんなふうにタイミングをまちがえているせいで伝《つた》わらないことがあるよ。相手《あいて》の状況《じょうきょう》や様子《ようす》をよく見《み》ながら話《はな》すことも大事《だいじ》なんだ。

Mo.《マエストロ》チュルルの一言《ひとこと》

会話《かいわ》の一方通行《いっぽうつうこう》に気《き》をつけよう

自分《じぶん》の気持《きも》ちをよく見《み》つめよう！

ピアノからねこって…。
どういうコト!?
ねこではなく妖精《ようせい》!! Mo.《マエストロ》チュルルですぞ。
チッチッチッ
みいみょんにバンバンたたかれて、痛《いた》くてつい出《で》てきてしまったのですよ！
人前《ひとまえ》に姿《すがた》を現《あらわ》してしまうとは、妖精失格《ようせいしっかく》ですな…。
フーッ ヤレヤレ
妖精《ようせい》って、もっとこんな感《かん》じだと思《おも》ってたけど？
今《いま》は多様性《たようせい》の時代《じだい》、妖精《ようせい》もいろいろですぞ!!
え〜 わたしはかわいいと思《おも》うよ〜。
どう？
おや、
みいみょん、先《さき》ほどの怒《いか》りはおさまったようですな。
さてさて…今《いま》のお気持《きも》ちはどうですかな？
今《いま》のわたしの気持《きも》ち？

“喜怒哀楽《きどあいらく》”を知《し》ろう

喜怒哀楽《きどあいらく》は、「喜《よろこ》び・怒《いか》り・悲《かな》しみ（哀《かな》しみ）・楽《たの》しみ」という、人《ひと》がもっている４つの感情《かんじょう》を表《あらわ》した言葉《ことば》だよ。きみは、どんなときにうれしかったり、悲《かな》しかったりするかな？　自分《じぶん》の気持《きも》ちをふり返《かえ》ってみよう。

自分《じぶん》の気持《きも》ちを知《し》るワーク❶

まず、最近《さいきん》のできごとで喜怒哀楽《きどあいらく》を感《かん》じたときのことを思《おも》い出《だ》してみよう。制限時間《せいげんじかん》は2分《ふん》！

スタート！

思《おも》い出《だ》せるところから、始《はじ》めるとよいですぞ。

喜《き》

うれしかったことは？

例《れい》）おこづかいが100円《えん》アップしたこと。

哀《あい》

悲《かな》しかったことは？

怒《ど》

はらが立《た》ったことは？

楽《たの》しかったことは？

4つの気持《きも》ちを全部《ぜんぶ》思《おも》い出《だ》せた人《ひと》

ふだんから、自分《じぶん》の気持《きも》ちがよくわかっていて、気持《きも》ちに合《あ》わせた行動《こうどう》ができているんじゃないかな。その調子《ちょうし》で、そのときどきに感《かん》じたことや思《おも》ったことを、受《う》け止《と》めていこう。この本《ほん》で、より的確《てきかく》に気持《きも》ちを伝《つた》える練習《れんしゅう》もしてみてね。

思《おも》い出《だ》せない気持《きも》ちがあった人《ひと》

自分《じぶん》の気持《きも》ちにふたをして、がまんをしていることが多《おお》くないかな。たとえば、何《なに》かを決《き》めるときに、周《まわ》りの人《ひと》に合《あ》わせることが多《おお》かったり…。他人《たにん》に合《あ》わせるばかりだと、いつの間《ま》にか自分《じぶん》の気持《きも》ちがわからなくなってしまうよ。まずは自分《じぶん》の気持《きも》ちを知《し》って、言葉《ことば》にする練習《れんしゅう》から始《はじ》めてみよう。

自分《じぶん》の気持《きも》ちを知《し》るワーク❷

次《つぎ》は、自分《じぶん》で自分《じぶん》にインタビューをしてみよう。最初《さいしょ》の質問《しつもん》は、「次《つぎ》のお休《やす》みの日《ひ》には、何《なに》をしたい？」だよ。答《こた》えることができたら、「それはどうして？」「なぜそう思《おも》うの？」をくり返《かえ》し問《と》いかけるんだ。こういうふうに答《こた》えを深《ふか》ぼりしていくと、最初《さいしょ》の答《こた》えのおくにある気持《きも》ちをさぐることができるんだ。

例《れい》

次《つぎ》のお休《やす》みの日《ひ》に、何《なに》をしたいですか？

↑最初《さいしょ》の質問《しつもん》

いとこのゆあくんと遊《あそ》びたい。

↑最初《さいしょ》の答《こた》え

それはどうして？

ダンスバトルをしたいから。

それはどうして？

ゆあくんよりすごいジャンプをしてみせたいから。

それはどうして？

今度《こんど》の大会《たいかい》で、ゆあくんに勝《か》ってみんなおどろかせたいから！

心《こころ》の中《なか》で何《なん》となく思《おも》っていることを言葉《ことば》にしてみると、自分《じぶん》がなぜそう思《おも》っているのか、気持《きも》ちや考《かんが》えがわかるようになっていくよ。

心《こころ》の中《なか》で
やりとり
するのでも
よいですぞ。

次《つぎ》のお休《やす》みの日《ひ》に、何《なに》をしたいですか？

それはどうして？

それはどうして？

それはどうして？

最初《さいしょ》の質問《しつもん》は内容《ないよう》を変《か》えてもいいよ。たとえば、気持《きも》ちがもやもやするとき、「今《いま》はどんな気分《きぶん》？」➡「なんとなくもやもやする」➡「テストの点《てん》が悪《わる》かったから」➡「前日《ぜんじつ》にちゃんと勉強《べんきょう》しなかったから」というふうに、自分《じぶん》に問《と》いかけてみよう。

怒《いか》りの感情《かんじょう》について知《し》ろう

チュルル、みいは
怒《おこ》るとこわいんだよ。
だんまりを決《き》めこんで、
ずーっとムシするの!!
まいのほうが
こわいよ!!
言《い》い方《かた》が
きついもん。
フォッフォッフォッ
My
おふたりのことは、
よ～く知《し》って
おりますぞ。
この家《いえ》の
ピアノの妖精《ようせい》
ですからな。
小《ちい》さなころから
ずっと見守《みまも》って
いたんですよ。
けんかもするけれど、
仲良《なかよ》しなことや、
「劇団《げきだん》おかわり」で
子役《こやく》のお仕事《しごと》を
しているってことも。
フッ…
劇団《げきだん》おかわり
ほかにも、
食《た》べ物《もの》の
好《す》ききらいまで、
ぜ～～～んぶね!!
え!
もしかして…わたしたちの
ファンなの!?
パアァ…
いやいや、
保護者《ほごしゃ》ですぞ!!

怒《いか》りってどんなもの?

小《ちい》さいころから「すぐすねないの」と注意《ちゅうい》されたり、怒《おこ》った後《あと》に気《き》まずくなって後悔《こうかい》したりしたことはないかな。

だけど、いやなことをされて怒《いか》りを感《かん》じるのは自然《しぜん》なことなんだよ。なぜなら、「いやだ」と怒《おこ》らないと相手《あいて》に伝《つた》わらないから。「怒《いか》り」は自分《じぶん》を守《まも》ろうとして生《う》まれる大切《たいせつ》な感情《かんじょう》なんだ。**不安《ふあん》や、くやしい、はずかしい、悲《かな》しい、つらいなどの気持《きも》ちが怒《いか》りの下《した》にかくれているよ。**

怒《いか》りが生《う》まれるしくみ

ムカムカ
イライラ
バーカ!
プンプン
ドッカーーン!!
そうじ代《か》わって!
おしつけないでよ。困《こま》る、いやだよ。
アホだなあ。
え、何《なん》で?悲《かな》しいよ。

イライラをそのままぶつけない

いやなことを言《い》われてイライラ、ムカムカしても、それを相手《あいて》にそのままぶつけてしまうのはよくないよ。相手《あいて》にだけでなく、自分《じぶん》にもいやな気《き》持《も》ちが残《のこ》ってしまうからね。

かっとした気持《きも》ちはいったん落《お》ち着《つ》けて、泣《な》いたりどなったりせずに、上手《じょうず》に「いや」を伝《つた》えられるようになろう。

✕ よくない怒《おこ》り方《かた》

相手《あいて》をこうげきすることが目的《もくてき》になっている。

お前《まえ》が足《あし》ひっかけたんだろ!!
お前《まえ》の方《ほう》だろ
ワ～～
ギャ～～

物《もの》にあたっているだけ。

わ～～ん!!

○ いい怒《おこ》り方《かた》

はらが立《た》った気持《きも》ちをいったん落《お》ち着《つ》ける。

イライラ
するけど…
ふぅ…

怒《いか》りの理由《りゆう》を言葉《ことば》で伝《つた》える。

痛《いた》いから
やめてほしいの

怒《いか》りがおさまらないとき

イライラやムカムカがおさまらなくてどうしようもないときは、正直《しょうじき》にそのどうしようもない気持《きも》ちを伝《つた》えるといいよ。これには、よけいな一言《ひとこと》を言《い》ってしまうのを防《ふせ》ぐ力《ちから》があるんだ。

こんなふうに言《い》ってみよう！
ちょっと待《ま》って。
後《あと》で説明《せつめい》するから。
今《いま》、怒《おこ》ってるの。
ムカムカしてるから何《なに》も言《い》えない。
なんて言《い》えばいいかわからなくて…。
My
Me

怒《いか》りを落《お》ち着《つ》ける方法《ほうほう》

- 深呼吸《しんこきゅう》をする。
- その場《ば》から離《はな》れる。
- ジャンプしてみる。
- ストレッチをする。
- まくらをギューッとだきしめる。

後《あと》から思《おも》い出《だ》して、はらが立《た》ってきたときにやってみて！

こんな方法《ほうほう》を試《ため》してみよう。

言《い》ってはいけない言葉《ことば》を決《き》めておく

勢《いきお》いでついひどいことを言《い》ってしまって、後悔《こうかい》したことはないかな。言《い》ってしまったことは取《と》り消《け》せないから、「売《う》り言葉《ことば》に買《か》い言葉《ことば》」にならないように、どんなときでも絶対《ぜったい》に言《い》わない言葉《ことば》を決《き》めておくといいよ。

デブ!!
ブス!!

売《う》り言葉《ことば》に買《か》い言葉《ことば》
相手《あいて》の暴言《ぼうげん》に、同《おな》じような暴言《ぼうげん》で返《かえ》すこと。

気《き》持《も》ちにぴったり合《あ》う言葉《ことば》をさがそう

この新《あたら》しいおぼうし、どう？
今度《こんど》のライブでかぶる予定《よてい》なんだけど。
パパ、そのぼうしはヤバい！
（「よくない」の意《い》味《み》）
何《なに》ソレ!!!
My
うん、ヤバい…。
（「ダサい」の意《い》味《み》）
Me
たしかにヤバいね。
（「おもしろい」の意《い》味《み》）
ニヤリ
うんうん
だよね、これ、ヤバかっこいいわよね!! みんな、センキュー♡
パチン!
お父上《ちちうえ》、その「ヤバい」は意《い》味《み》がちがいますぞ!!
うんうん

意味《いみ》の似《に》た言葉《ことば》を使《つか》い分《わ》けよう

「ヤバい」は多《おお》くの場面《ばめん》で使《つか》える便利《べんり》な言葉《ことば》だけど、いろいろな意味《いみ》があって通《つう》じないことがあるから、使《つか》い過《す》ぎには気《き》をつけよう。

言葉《ことば》をたくさん知《し》っていると、自分《じぶん》の気持《きも》ちにぴったり合《あ》う言葉《ことば》を選《えら》んで言《い》えるようになるよ。たとえば、「おもしろい」と「楽《たの》しい」のような、意味《いみ》がびみょうにちがう言葉《ことば》を使《つか》い分《わ》けられるようになって、相手《あいて》により正確《せいかく》に伝《つた》えられるんだ。

言葉《ことば》のニュアンスくらべ

おもしろい

おかしい。楽《たの》しい。ゆかい。
つい笑《わら》いたくなる。

例《れい》

「友《とも》だちのギャグがおもしろかった。」

楽《たの》しい

満足《まんぞく》してうきうきする感《かん》じ。
ゆかいな気持《きも》ち。

例《れい》

「ゲームで遊《あそ》ぶのが楽《たの》しい。」

こっち？
それとも
こっち？
きみは、どんなふうに使《つか》い分《わ》けますかな？

ひま

自由《じゆう》な時間《じかん》のこと。

例《れい》

「食事《しょくじ》のひまもないほどいそがしい。」

たいくつ

何《なに》もすることがなくて、
時間《じかん》をもてあますこと。

例《れい》

「雨《あめ》で外《そと》へ行《い》けないので、たいくつだ。」

いろいろな気持《きも》ちを表《あらわ》す言葉《ことば》をしょうかい！

知《し》っている言葉《ことば》が多《おお》いほど、自分《じぶん》で自分《じぶん》の気持《きも》ちが理解《りかい》しやすくなって、表現《ひょうげん》もしやすくなるよ。使《つか》える言葉《ことば》をどんどんふやしていこう！

気持《きも》ちを想像《そうぞう》してみよう！ →→→	安心《あんしん》する ほっとする 胸《むね》をなで下《お》ろす 	うれしい　喜《よろこ》び 心《こころ》がはずむ にんまり ラッキー はしゃぐ	おだやか 落《お》ち着《つ》いている なごやか のんびり
思《おも》いやり 親切《しんせつ》	おもしろい おかしい こっけい ゆかい	かわいい すてき キュート 美《うつく》しい	感謝《かんしゃ》 ありがとう 
感動《かんどう》する 胸《むね》がいっぱいになる きゅんきゅん じいんとする	がんばる やる気《き》になる 	期待《きたい》する うきうき ふわふわ	好奇心《こうきしん》　興味《きょうみ》 気《き》になる ときめく ひかれる
心地《ここち》よい 気持《きも》ちいい さっぱり すかっと 快適《かいてき》	幸《しあわ》せ　幸福《こうふく》 ハッピー ラッキー	信《しん》じる 自信《じしん》　確信《かくしん》 	好《す》き　愛《あい》する 好意《こうい》 いとしい 恋《こい》しい　でれでれ
すばらしい 最高《さいこう》　見事《みごと》 立派《りっぱ》 天下一品《てんかいっぴん》	尊敬《そんけい》　あこがれ 	楽《たの》しい　ゆかい わくわく エンジョイ	なつかしい
願《ねが》う　望《のぞ》む いのる　希望《きぼう》 熱望《ねつぼう》 	ほこらしい じまんする 得意《とくい》	満足《まんぞく》する 	夢中《むちゅう》になる のめりこむ 心《こころ》をうばわれる 熱心《ねっしん》　熱中《ねっちゅう》 こうふん

こんな 気持《きも》ちになった ことある？ →→→	あきれる あぜんとする 開《あ》いた口《くち》が ふさがらない	うらやましい  	おどろき　あんぐり ぎょっとする びっくり 目《め》が点《てん》になる
きんちょう 胸《むね》がドキドキする ハラハラ	あせる　そわそわ  	なっとく	不思議《ふしぎ》　きみょう

こんな言葉《ことば》を 使《つか》ったことは ある？ →→→	あわてる パニック あわてふためく おろおろ	うたがう あやしむ  	おこる　イライラ 頭《あたま》にくる はらが立《た》つ ぷんぷん むしゃくしゃ かんかん　むかむか
がっかり 落《お》ちこむ しょんぼり 残念《ざんねん》　くよくよ	悲《かな》しい　悲痛《ひつう》 うなだれる 切《せつ》ない 胸《むね》がいたむ 	かわいそう 気《き》の毒《どく》 ふびん	きらい　いや 不快《ふかい》 気《き》に食《く》わない
くやしい　おしい くちびるをかむ じだんだをふむ	苦《くる》しい　つらい きつい　心苦《こころぐる》しい 針《はり》のむしろ	こうかいする 反省《はんせい》 する  	こまる 途方《とほう》にくれる めいわく こんわく
こわい　おびえる 恐怖《きょうふ》 おそろしい びくびく 	さびしい こどく 心細《こころぼそ》い ぽつん	しっとする ねたむ　やく やきもち	心配《しんぱい》　不安《ふあん》 もやもや 気《き》がかり
ずるい ひきょう ちゃっかり	つまらない たいくつ 不満《ふまん》 くだらない	どうようする	なさけない 
にくらしい しゃくにさわる	はずかしい 顔《かお》から火《ひ》が出《で》る きまりが悪《わる》い もじもじ	迷《まよ》う　なやむ 思《おも》いなやむ ためらう	ゆううつ 気《き》が重《おも》い

コラム1

生《い》き物《もの》も気《き》持《も》ちを伝《つた》え合《あ》っている！

仲間《なかま》に危険《きけん》を知《し》らせる、求愛《きゅうあい》をする、えさの場所《ばしょ》を教《おし》える、あいさつをするなど、生《い》き物《もの》たちはさまざまな方法《ほうほう》でコミュニケーションを取《と》っているよ。

鳴《な》き声《こえ》

プレーリードッグ

人間《にんげん》、ワシ、コヨーテなど敵《てき》の種《しゅ》類《るい》によって鳴《な》き声《ごえ》を変《か》えて危険《きけん》を知《し》らせる。人間《にんげん》の洋服《ようふく》の色《いろ》のちがいも伝《つた》えることができる。

遠吠《とおぼ》え

オオカミ

狩《か》りをするときや、群《む》れからはぐれた仲間《なかま》を呼《よ》びもどすとき、遠吠《とおぼ》えで合図《あいず》を送《おく》る。メッセージによって遠吠《とおぼ》えの仕方《しかた》を変《か》えられる。

くしゃみ

リカオン

狩《か》りをするかしないかをくしゃみで決《き》める。群《む》れのリーダーの後《あと》に続《つづ》いてくしゃみをするものが多《おお》いときは狩《か》りをし、少《すく》ないときは狩《か》りをしないと考《かんが》えられている。

においい

アリ

においでえさがある場所《ばしょ》を仲間《なかま》に教《おし》える。また、同《おな》じ巣《す》の仲間《なかま》かどうかをにおいでかぎ分《わ》ける。

歌《うた》う

ザトウクジラ

オスは、「ソング」とよばれる歌《うた》うような鳴《な》き声《ごえ》を出《だ》す。メスにアピールするため、長《なが》いときは、数時間《すうじかん》歌《うた》い続《つづ》ける。

ふれあう

ゾウ

鼻《はな》をからめ合《あ》ったり、きばにふれたりしてあいさつをする。久《ひさ》しぶりに会《あ》う相手《あいて》には、低《ひく》いうなり声《ごえ》を出《だ》したり、その場《ば》で回《まわ》ったりもする。

おもしろいね…
ホントに?
どよ〜ん…
Me
My

PART 2

言《い》い方《かた》や伝《つた》え方《かた》を考《かんが》えよう

おもしろいね!
Me
My

話《はな》しやすくなる言葉《ことば》がある!?

みい、グッモー!!
まい、おはよ。今日《きょう》はCM《シーエム》撮影《さつえい》だね。
チャオ、チュルル♪
おはようですぞ!
ボンジュール、パパ♪
おお、愛《いと》しのマドモアゼル。
おはよう、ママリン♡
あらあら、元気《げんき》ねえ。
だってだって、今日《きょう》はスペシャルデーだもん!!
キャ〜〜〜
超特快《ちょうとっかい》のレオ様《さま》といっしょの撮影《さつえい》なんだよ!!
アイドルグループ
超《ちょう》特《とっ》快《かい》
レオ

劇団《げきだん》おかわり（CM《シーエム》撮影《さつえい》の現場《げんば》）
おはようございま〜す!!
今日《きょう》はよろしくお願《ねが》いします!!
スタジオ1
劇団《げきだん》おかわり
おはようございます。元気《げんき》いっぱいだね〜。
今日《きょう》はふたりとも撮影《さつえい》だよね？いいなあ。
まいみょん、あこがれのレオ様《さま》に会《あ》えるんだね。
えへへ〜
レオ様《さま》とお仕事《しごと》ができるなんて、夢《ゆめ》の中《なか》にいるみたい…。
はあい〜♡
あとで、サインもらえるかなあ。
キャ〜!!
キャ
わたしは、本番《ほんばん》までに自分《じぶん》のセリフの練習《れんしゅう》しとこ!!
台本《だいほん》
まいはうかれてるけど…

話《はな》しやすくなる言葉《ことば》❶

あいさつをする

「あいさつをしよう」と小《ちい》さなころから言《い》われているよね。たった一言《ひとこと》だけど、あいさつするのとしないのとでは、人《ひと》に与《あた》える印象《いんしょう》が大《おお》きく変《か》わるんだ。

たとえば、朝《あさ》「おはよう」と言《い》われて悪《わる》い気《き》がする人《ひと》はいないし、そこから会話《かいわ》が広《ひろ》がっていくこともあるよね。いろいろなあいさつの言葉《ことば》を知《し》って、気持《きも》ちのよいコミュニケーションができるようになろう。

あいさつの力《ちから》

会話《かいわ》を始《はじ》めるきっかけになる

あいさつのしかたで、相手《あいて》の調子《ちょうし》がわかる

世界中《せかいじゅう》のこんにちは

日本《にほん》では、「こんにちは」と言《い》っておじぎやえしゃくをするけれど、アメリカやヨーロッパでは、握手《あくしゅ》やハグなどをするよ。インドでは胸《むね》の前《まえ》で両手《りょうて》を合《あ》わせる、チベットではペロッと舌《した》を出《だ》すのが「こんにちは」という意味《いみ》なんだって。どのやり方《かた》にも、「あなたを信頼《しんらい》しています、仲間《なかま》ですよ」という意味《いみ》がこめられているんだ。

さまざまなあいさつの言葉《ことば》

自分《じぶん》からいろいろなあいさつができるようになろう。場面《ばめん》に合《あ》う言葉《ことば》を考《かんが》えて使《つか》ってね。

話《はな》しやすくなる言葉《ことば》❷

「ありがとう」と「ごめんなさい」をきちんと言《い》う

お礼《れい》やあやまる気持《きも》ちは、言葉《ことば》にして素直《すなお》に伝《つた》えられるといいね。いろいろな言《い》い方《かた》があるけれど、特《とく》に真剣《しんけん》な場面《ばめん》では、しっかり伝《つた》わるように「ありがとうございます」「ごめんなさい」と最後《さいご》まではっきりと言《い》おう。

話《はな》しやすくなる言葉《ことば》③

「○○さん」と相手《あいて》の名前《なまえ》を呼《よ》ぶ

「○○さん、おはよう」のように、話《はな》しかけるときに相手《あいて》の名前《なまえ》を加《くわ》えて言《い》ってみよう。「ねえねえ」よりも、名前《なまえ》を呼《よ》ばれるほうが話《はな》しかけられていることがはっきりわかるから、相手《あいて》は返事《へんじ》をしやすくなるんだ。

おしぃ!
おはよう!
集中《しゅうちゅう》!
これおもしろ〜っっ
気《き》づいてもらえなかった…
OK《オーケー》!
はあちゃん、昨日《きのう》のテレビ見《み》た?
わたしもみた〜!
見《み》たよ!みいみょんも?

こんな呼《よ》びかけ言葉《ことば》はNG《エヌジー》

「おい」「おまえ」「あんた」などと呼《よ》びかけるのはやめよう。相手《あいて》に対《たい》して失礼《しつれい》な言《い》い方《かた》だよ。

ちゃんと名前《なまえ》を呼《よ》ぶのですぞ。

話《はな》しやすくなる言葉《ことば》 4

「私《わたし》は〜〜と思《おも》う」と気持《きも》ちを伝《つた》える

「私《わたし》は〜〜と思《おも》う」という言《い》い方《かた》は、自分《じぶん》が感《かん》じた気持《きも》ちをそのまま伝《つた》えるのに便利《べんり》だよ。何《なに》かを提案《ていあん》したいときや、いやだと思《おも》うことを伝《つた》えるときなどに使《つか》ってみよう。「私《わたし》（自分《じぶん》）」を主語《しゅご》にすると、相手《あいて》を否定《ひてい》したり、気持《きも》ちをおしつけすぎることなく伝《つた》えられるんだ。

何《なに》かを提案《ていあん》するとき

NG《エヌジー》！

絶対《ぜったい》、ピンクがいいよ。
なんで？絶対《ぜったい》？

「絶対《ぜったい》」と相手《あいて》におしつけてしまっている。

OK《オーケー》！

私《わたし》は、ピンクがいいと思《おも》うな。
うんうん、はあちゃんは、そう思《おも》うんだね。

「あなたの意見《いけん》」として相手《あいて》に受《う》け入《い》れられやすくなる。

いやだと伝《つた》えるとき

NG《エヌジー》！

しいちゃん、ひどい！そんなこと言《い》うなんて。
ムッ
え？何《なに》が？ひどいことなんて言《い》ってないよ！

相手《あいて》を責《せ》めると、おたがい感情的《かんじょうてき》になってしまう。

OK《オーケー》！

ぼくは、チビって言《い》われて悲《かな》しいよ。
ごめん、そうだよね。
しゅん…

「私《わたし》は悲《かな》しい」という気持《きも》ちを伝《つた》えると、相手《あいて》も受《う》け止《と》めやすくなる。

話《はな》しやすくなる言葉《ことば》5

「そうなんだね」と相手《あいて》の話《はなし》を受《う》け止《と》める

「そうなんだね」と、相《あい》づちを打《う》って（➡65ページ）相手《あいて》の話《はなし》を受《う》け止《と》めてみよう。そうすると、相手《あいて》はちゃんと話《はなし》を聞《き》いてくれているんだなと、安心《あんしん》して話《はなし》を続《つづ》けることができるんだ。

自分《じぶん》の考《かんが》えとちがうときや、相手《あいて》がまちがっていると思《おも》うとき

まずは「そっかあ、○○さんは、そう思《おも》っているんだね。」と受《う》け止《と》めてから、「わたしは、〜〜と思《おも》うよ。」などと言《い》ってみよう。

相手《あいて》の意見《いけん》を受《う》け止《と》めたからといって、そのまま同意《どうい》したことにはならないから安心《あんしん》してね。自分《じぶん》の考《かんが》えは、相手《あいて》が話《はな》し終《お》わってから伝《つた》えよう。

話《はなし》を受《う》け止《と》めてくれる人《ひと》には、心《こころ》を開《ひら》いて話《はな》したくなるものですぞ。

あのね、わたし、劇団《げきだん》をやめようかなって迷《まよ》ってるんだ…。
えっ、そうなんだ。何《なに》かあった？
わたしは、いっしょに続《つづ》けたいけどな。
Me
My

話《はな》しやすくなる言葉《ことば》6

「いいね！」と相手《あいて》をほめる

友《とも》だちのかみ型《がた》がかわいかった、発表《はっぴょう》がとても上手《じょうず》だった、親切《しんせつ》にしている姿《すがた》がすてきだったなど、周《まわ》りの人《ひと》のいいところを見《み》つけたら、「いいね」「すごいね」と言葉《ことば》にして伝《つた》えてみよう。

その一言《ひとこと》がきっかけになって、もっと仲良《なかよ》くなれるかもしれないよ。でも、よく思《おも》われたいからといって、思《おも》っていないことは言《い》わないでね。

いいね！
すごいね！
オッケー
上手《じょうず》！
ステキ
エクセレント
おもしろい！
花《はな》まる！
おしゃれ
かっこいい
グッド！
かわいい
カンペキ！

ダンスが上手《じょうず》！
いつも明《あか》るい！
いやあ〜
My
うれしい！
Me
かみ型《がた》がステキ！
やさしい

「うれしかった言葉《ことば》」を応用《おうよう》するワーク

今《いま》までに、だれかに言《い》われてうれしかった言葉《ことば》はないか思《おも》い返《かえ》してみよう。そんな言葉《ことば》を周《まわ》りの人《ひと》に言《い》ってみたら、その人《ひと》もうれしい気持《きも》ちになるかもしれないよ。

「話《はな》していると気持《きも》ちがいいな」「もっと話《はな》したいな」という人《ひと》がいたら、その人《ひと》の会話《かいわ》のしかたを観察《かんさつ》してみるのもいいよ。

電車《でんしゃ》の席《せき》ゆずってスゴいね！
そう？
がんばり屋《や》さんだね！
たすかるわ〜
水《みず》をかえてくれてありがとう！

今《いま》までに言《い》われてうれしかった言葉《ことば》は？

話《はな》し方《かた》のお手本《てほん》にしたい人《ひと》はいるかな？
その人《ひと》のどんなところがいいと思《おも》う？

よーく思《おも》い出《だ》してみるのですぞ！

使《つか》うと危険《きけん》な言葉《ことば》がある!?

ず〜〜〜ん…
まいみょんはどうしたのですか？
帰《かえ》ってからずっと泣《な》いてますぞ
実《じつ》はね…
今日《きょう》の撮影《さつえい》、きんちょうしてうまくできなかったんだって。
あこがれのレオ様《さま》
ニチャア…
やりなおし!
パンツおいしいね!!
?
やりなおし!!
レオ様《さま》の前《まえ》で何回《なんかい》もNG《エヌジー》出《だ》しちゃった…。
うっ
ダメ、もう絶対《ぜったい》立《た》ち直《なお》れない…。
うっ…
まいみょん、元気《げんき》を出《だ》すのですぞ!!
ピクッ

うるさいな!!
元気《げんき》なんて出《で》るわけないでしょ!!
ウザいから声《こえ》かけてこないで!! さっさとあっち行《い》ってよ!!
エエ〜!?
ドス
うるさい
ウザい
あっち行って
ドス
チュルル…大丈夫《だいじょうぶ》?
グッサリ
まい、言《い》い方《かた》キツいから…
まいみょんは、いまとてもきずついているのですね…。
でも、この言葉《ことば》のトゲはとっても痛《いた》いですぞ…。
グスッ
いた〜い!!
大変《たいへん》!すぐ取《と》ってあげるから!!
ブチッ
そーっと、お願《ねが》いしますぞ。

話《はな》しづらくなる言葉《ことば》❶

人《ひと》をきずつける言葉《ことば》や言《い》い方《かた》

　いやなことをされたときや、なんとなく意地悪《いじわる》な気持《きも》ちになったとき、「バカ」「ウザい」なんて言《い》っちゃったことはないかな。

　人《ひと》をきずつける力《ちから》のある言葉《ことば》は、特《とく》に使《つか》わないように気《き》をつけよう。容《よう》姿《し》や能力《のうりょく》をからかうような言葉《ことば》も同《おな》じだよ。意識《いしき》しないで使《つか》っていると、人《ひと》の痛《いた》みに気《き》づくことができないまま、大事《だいじ》な友《とも》だちを失《うしな》ってしまうかもしれないよ。

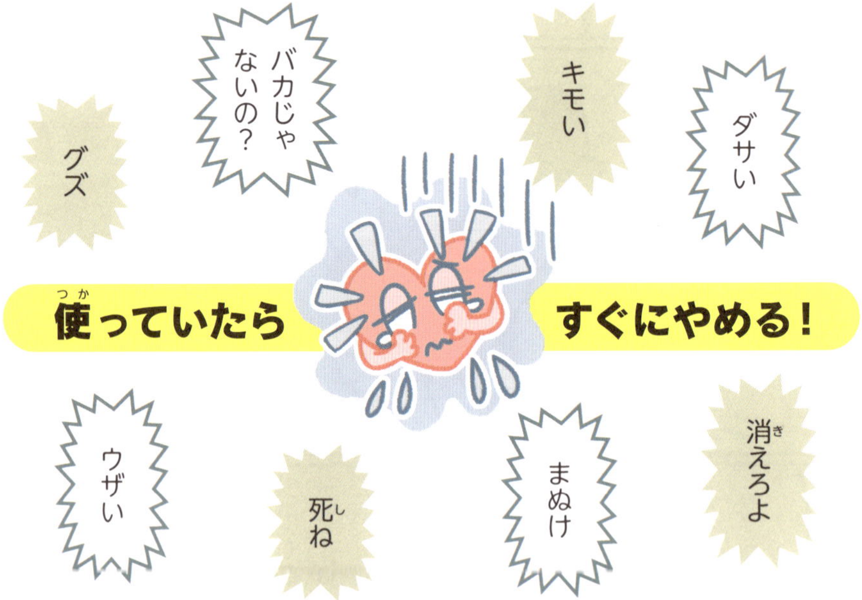

バカじゃないの？
グズ
キモい
ダサい
使《つか》っていたら　すぐにやめる！
ウザい
死《し》ね
まぬけ
消《き》えろよ

「バカ」って言《い》うほうがバカ!?

　相手《あいて》に対《たい》して言《い》った言葉《ことば》でも、脳《のう》は自《じ》分《ぶん》のこととして受《う》け取《と》ってしまうんだって。だから、人《ひと》をきずつける言葉《ことば》をたくさん使《つか》う人《ひと》は、結果的《けっかてき》に自分《じぶん》のこともきずつけているんだよ。

おれはバカなのかあ…。

話《はな》しづらくなる言葉《ことば》②

「でも」「だって」のような言《い》いわけ

　自分《じぶん》の欠点《けってん》やまちがいなどを指摘《してき》されたときや、何《なに》か都合《つごう》の悪《わる》いことがあったとき、とっさに言《い》いわけをしていないかな。

　言《い》いわけをする言葉《ことば》には、相手《あいて》に対《たい》して「納得《なっとく》できない気持《きも》ち」や「反《はん》発《ぱつ》する気持《きも》ち」がぎゅっとつまっているんだ。言《い》い返《かえ》したくなったときは、それが言《い》いわけになっていないかを考《かんが》えてみよう。まちがいをみとめて素《す》直《なお》にあやまるのも大切《たいせつ》なことだよ。

言《い》いわけの言葉《ことば》

- でも
- だって
- ～～のせい

言《い》われたほうの気《き》持《も》ちを考《かんが》えるのですぞ。

OK《オーケー》！

ねぼうをして おくれました。 ごめんなさい。
次回《じかい》から気《き》をつけよう！
反省《はんせい》…

NG《エヌジー》！

でも、5分《ふん》 おくれただけだし。
だって、目覚《めざ》ましが鳴《な》らなかったんだもん。

話《はな》しづらくなる言葉《ことば》③

「何《なん》でもいい」などのいいかげんな返事《へんじ》

「何《なに》がいい？」「どうする？」と友《とも》だちや家《いえ》の人《ひと》に聞《き》かれたとき、「何《なん》でもいい」という返事《へんじ》をしていないかな。

これを言《い》われた相手《あいて》は、「この人《ひと》はやる気《き》がないのかな」「本当《ほんとう》に何《なん》でもいいのかな」と、ちょっとうたがう気持《きも》ちになってしまうことがあるよ。本当《ほんとう》にやっかいなのは、後《あと》になってから「やっぱり〜〜がよかった」などと言《い》うこと。これって、ぜんぜん「何《なん》でもよくない」よね。相手《あいて》だけでなく、自分《じぶん》にもいいことが起《お》きないから、人《ひと》まかせにする発言《はつげん》には気《き》をつけよう。

NG《エヌジー》！

いいかげんな返事《へんじ》

- 何《なん》でもいいよ
- ふつう
- どっちでも
- 別《べつ》に

何《なん》の役《やく》がいい？
何《なん》でもいいよ〜。
フッ
じゃあ、ひむくんはミミズの役《やく》ね！
み、ミミズ!? やっぱり何《なん》でもよくない！

たはは〜
考《かん》えるのがめんどうなときとか言《い》っちゃうかも…。
わたしも…

話《はな》しづらくなる言葉《ことば》④

「何《なん》で?」と相手《あいて》を問《と》いつめる言《い》い方《かた》

「約束《やくそく》をやぶられた」「ウソをつかれた」など、相手《あいて》が自分《じぶん》の思《おも》いどおりにしてくれなかったときに、「なんで？」「どうして？」と、怒《おこ》ったり問《と》いつめたりしていないかな。

こんな態度《たいど》をとってしまうと、相手《あいて》は心《こころ》にかべを作《つく》って話《はな》してくれなくなるかもしれないよ。その結果《けっか》、おたがいの気持《きも》ちが伝《つた》わらなくなってしまうんだ。まずは、問《と》いつめるのではなく、どうしてほしいのかを伝《つた》えるようにしよう。

問《と》いつめる言葉《ことば》

- 何《なん》で？
- どうして？
- だから言《い》ったのに

怒《おこ》って言《い》われると、何《なに》も答《こた》えられなくなってしまうものですぞ。

NG《エヌジー》!
何《なん》で約束《やくそく》守《まも》らないんだよ!? 今日《きょう》持《も》ってくるって言《い》ってたでしょ!
……。
OK《オーケー》!
じゃあ、明日《あした》、持《も》ってきてくれる?
約束《やくそく》だよ!
明日《あした》は必《かなら》ず持《も》ってくるよ。ごめんね。

話《はな》しづらくなる言葉《ことば》 5

「無理《むり》」は拒絶《きょぜつ》する返事《へんじ》

家《いえ》の人《ひと》に用事《ようじ》をたのまれたときや、学校《がっこう》で仕事《しごと》などを任《まか》せられたときに、「無理《むり》」などの一言《ひとこと》で断《ことわ》っていないかな。

こんな言《い》い方《かた》で強《つよ》く否定《ひてい》されると、相手《あいて》はいい気持《きも》ちがしないし、その後《あと》の話《はなし》が続《つづ》かなくなってしまうよ。できない、やりたくないと思《おも》うときは、その気持《きも》ちを素直《すなお》に伝《つた》えてみよう。ちょっとした言葉《ことば》の選《えら》び方《かた》で、おたがいが気持《きも》ちよくやりとりできるようになるよ。

相手《あいて》を拒絶《きょぜつ》する返事《へんじ》

- 無理《むり》
- 意味《いみ》わかんない
- はあ？

できそうなときは、「いいよ」と言《い》ってみるのですぞ！

エヌジー
NG！

チョコ、受け取《と》ってください。
はあ？無理《むり》！

オーケー
OK！

チョコ、受《う》け取《と》ってください。
ありがとう。
ほかに、好《す》きな子《こ》がいるんだけどね…。

話《はな》しづらくなる言葉《ことば》 6

「どうせ」はネガティブで後《うし》ろ向《む》き

「私《わたし》なんかどうせ～～」と、つい言《い》ってしまっていないかな。「どうせ」は「どのようにしても、自分《じぶん》が望《のぞ》む結果《けっか》にはならない」という意味《いみ》のネガティブで後《うし》ろ向《む》きな言葉《ことば》だよ。

不安《ふあん》を口《くち》に出《だ》すときは、「どうせだめだ」よりも、「心配《しんぱい》だけど、がんばってみよう」と前向《まえむ》きな言葉《ことば》に言《い》いかえるようにすると、気持《きも》ちも明《あか》るくなるよ。

後《うし》ろ向《む》きな言葉《ことば》

- どうせダメ
- 私《わたし》なんか～～
- ○○さんに比《くら》べて私《わたし》なんて…

トラブルをまねく言《い》い方《かた》

いくら正《ただ》しいことを言《い》っていても、相手《あいて》のミスや欠点《けってん》を責《せ》めて否定《ひてい》したり、だれかと比《くら》べたりするのは、トラブルをまねくよくない言《い》い方《かた》だよ。

何気《なにげ》なく言《い》ったことで誤解《ごかい》されたり、相手《あいて》をきずつけたりすることもあるから気《き》をつけよう。

表情《ひょうじょう》や態度《たいど》も言葉《ことば》の一部《いちぶ》になる！

ジェスチャーゲームで喜《き》怒《ど》哀楽《あいらく》を表現《ひょうげん》するレッスンをしましょう。
は〜い！
はあちゃん、「喜《よろこ》び」の演技《えんぎ》をしてみて。
はーい!!
パァアアッ
お〜！
いっとんは、「悲《かな》しみ」を表現《ひょうげん》してみましょう。
はいっ
ず〜ん
みんな
・・・・？
コケッ
大好《だいす》きなソフトクリームを落《お》として、つい泣《な》いてしまったという、悲《かな》しみの演技《えんぎ》です。
こんな感《かん》じの…
おお〜!!
なるほど!!
うまい！

言葉《ことば》＋α《プラスアルファ》の伝《つた》え方《かた》

友《とも》だちのギャグに、笑顔《えがお》でにこにこしながら「おもしろいね」と言《い》ったら、言葉《ことば》どおりの意味《いみ》が相手《あいて》に伝《つた》わりそうだね。でも、暗《くら》い顔《かお》でうつむいて「おもしろいね」と言《い》ったらどうかな。「本当《ほんとう》におもしろかった？」って友《とも》だちに聞《き》かれちゃいそうだね。こんなふうに、**表情《ひょうじょう》や態度《たいど》などによっても言葉《ことば》の伝《つた》わり方《かた》は変《か》わる**んだよ。

+α《プラスアルファ》ポイント

1 表情《ひょうじょう》

　表情《ひょうじょう》にはさまざまな気持《きも》ちが表《あらわ》れるよ。相手《あいて》が話《はなし》をしているときの顔《かお》を一度《いちど》よく見《み》てみよう。楽《たの》しいときには笑顔《えがお》に、大事《だいじ》な話《はなし》をしているときは真剣《しんけん》な顔《かお》つきになっているんじゃないかな。

　ふだんの会話《かいわ》で、自分《じぶん》の表情《ひょうじょう》を意識《いしき》する必要《ひつよう》はないけれど、大事《だいじ》な場面《ばめん》や特別《とくべつ》なときには、少《すこ》し大《おお》げさに表情《ひょうじょう》を作《つく》ってみるといいよ。

いい印象《いんしょう》を与《あた》えたいとき

にこにこ笑顔《えがお》で。

いやだとはっきり伝《つた》えたいとき

イヤです!
Me

きびしい表情《ひょうじょう》で。

へらへらはダメですぞ。

+α《プラスアルファ》ポイント

2 視線《しせん》

　何《なに》かをお願《ねが》いしたいとき、あやまりたいとき、いやだということを伝《つた》えたいときなど、強《つよ》く伝《つた》えたいメッセージがあるときには、相手《あいて》の目《め》を見《み》て話《はな》すといいよ。でも、じっと見《み》すぎると話《はな》しづらくなったり、相手《あいて》をこわがらせたりすることもあるから、「相《あい》づちを打《う》つタイミングで、ときどき視線《しせん》を合《あ》わせる」ようにしてみよう。

＋α《プラスアルファ》ポイント　③身《み》ぶり・手《て》ぶり

別《わか》れるときに手《て》をふると、「バイバイ」という意味《いみ》になるよね。身《み》ぶり手《て》ぶりは、相手《あいて》に気持《きも》ちを伝《つた》える手助《てだす》けをしてくれるものなんだ。ふだん使《つか》っている言葉《ことば》に合《あ》う身《み》ぶり手《て》ぶりを考《かんが》えて表現《ひょうげん》してみよう。

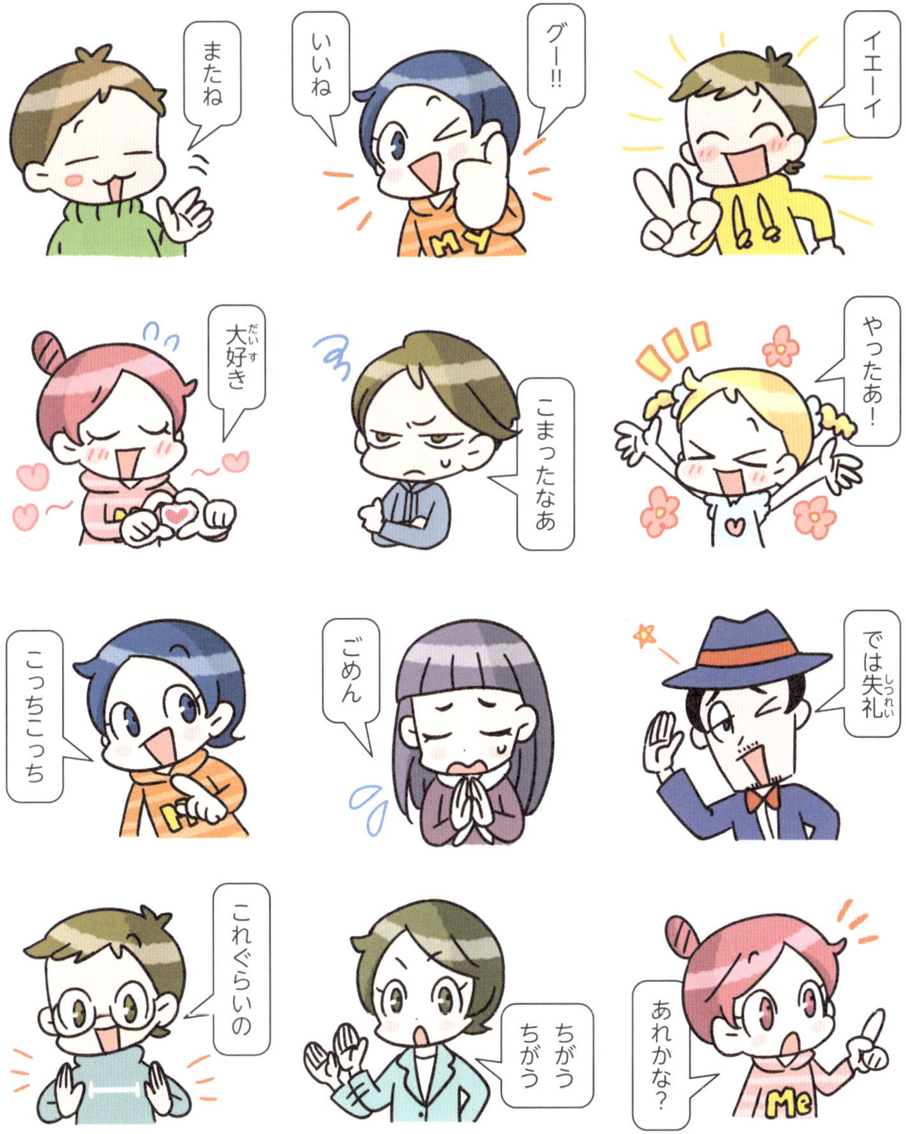

プラスアルファ ＋αポイント

❹声《こえ》の大《おお》きさ・話《はな》すスピード

声《こえ》の大《おお》きさは、場所《ばしょ》や人数《にんずう》、話《はな》す内容《ないよう》によって調整《ちょうせい》しよう。話《はな》すスピードは、大事《だいじ》なことをしっかりと聞《き》いてほしいときにはゆっくり目《め》にするといいよ。

大事《だいじ》なことを伝《つた》えたいとき

あのね…

声《こえ》を少《すこ》し低《ひく》くして、
ゆっくり目《め》に話《はな》す。

ふだんのおしゃべりのとき

相手《あいて》に伝《つた》わる声《こえ》の大《おお》きさで。
大《おお》きすぎず、小《ちい》さすぎず。

大勢《おおぜい》の前《まえ》で話《はな》すとき

内心《ないしん》
わあああ
キンチョ〜!!
夏休《なつやす》みはアメリカに行《い》きました!
おお〜!

おなかに力《ちから》を入《い》れて、
しっかりと大《おお》きな声《こえ》を出《だ》す。
全体《ぜんたい》に声《こえ》が届《とど》くように話《はな》す。

きんちょうしたり、
こうふんしたりする
シーンでは、早口《はやくち》に
なりがちなので、
注意《ちゅうい》ですぞ。

＋α《プラスアルファ》ポイント ⑤話《はな》しかけるタイミング

タイミングが悪《わる》いと、話《はな》しかけても気《き》づいてもらえなかったり、「ちょっと待《ま》って」と後回《あとまわ》しにされてしまったりするよ。声《こえ》をかける相手《あいて》の様子《ようす》をよく見《み》て話《はな》しかけてね。

《こんなときは、少《すこ》し待《ま》つ》

だれかと話《はな》しているとき

話《はな》し中《ちゅう》だ！

いそがしそうなとき

じゅんびが間《ま》に合《あ》わない〜!!
いそがしそう…

すぐに返事《へんじ》が必要《ひつよう》なときはどうする？

話《はな》しかけるときに、前置《まえお》きの言葉《ことば》をかけるといいよ。たとえば、「○○さん、急《いそ》いで話《はな》したいことがあるんだけど、いいかな？」「次《つぎ》の時間《じかん》の準備《じゅんび》のことで、教《おし》えてほしいことがあるんだけど」など、自分《じぶん》の状況《じょうきょう》を説明《せつめい》すると、急《いそ》ぎの用事《ようじ》だということが相手《あいて》に伝《つた》わるんだ。

スーパーなどで、お店《みせ》の人《ひと》にたずねるときには、まず「すみません」と声《こえ》をかけてから用件《ようけん》を伝《つた》えよう。

○○さん、**急《いそ》ぎの用事《ようじ》が**あるんだけど。

すみません。ブッチンプリンはどこにありますか？

話《はなし》を聞《き》くときに大事《だいじ》なことって何《なん》だろう？

ある休日《きゅうじつ》
まい～みい～
私《わたし》はこれからお出《で》かけだから、帰《かえ》りがおそくなるわよ。
って聞《き》いてる!?
だらぁ～
はぁ～い
ポテト
今日《きょう》の夕《ゆう》ご飯《はん》はトロちゃん（パパ）が用意《ようい》するからね。
わかった!?
はぁ～い
夕方《ゆうがた》
カーカー
あれぇ？
カップラーメンさがそ～。
ママ、おなかすいたよ～。
おじょうさんたち、ママさんの話《はなし》をまったく聞《き》いていなかったのですな…。
ドタバタ
me
My
その頃《ころ》のパパ
今日《きょう》はアイさん（ママ）がいないから、トロ様《さま》特製《とくせい》スペシャルカレーを作《つく》るのよ♪
まってて
マドモアゼルたち♡（まい・みい）
あれトロ様《さま》じゃない!? キャ～!!
スーパー 9じ～21

相手《あいて》の言葉《ことば》をしっかり受《う》け止《と》めよう

「会話《かいわ》のキャッチボール」という言葉《ことば》を聞《き》いたことがあるかな。キャッチボールのように言葉《ことば》のやりとりをすることで、おたがいの気持《きも》ちが伝《つた》わるようになるんだよ。だから、相手《あいて》に伝《つた》わるように話《はな》すことと同《おな》じくらい、相手《あいて》の言葉《ことば》をしっかり受《う》け止《と》めよう。

会話《かいわ》がかみ合《あ》っている

おっ!
昨日《きのう》、ゆうとゲームしたんだ。
会話
へぇ〜!
何《なん》のゲーム?
キャッチ!
会話
キャッチ!
「モチモチカート」だよ。なかなか勝《か》てなくてさ。
ゆうくん、ゲームうまいもんね。
会話

会話《かいわ》がかみ合《あ》っていない

昨日《きのう》、ゆうとゲームしたんだ。
会話
会話《かいわ》のボール
あれ!?
ス〜
あ、「モチモチカート2」が出《で》るらしいよ。
会話
ブンッ!
ゆうが強《つよ》くてさ。
ス〜
モチモチカート2、早《はや》くやりたいなあ。
会話
ブンッ!!

聞《き》き方《かた》にもルールがある！

ルール ①相手《あいて》のほうに体《からだ》を向《む》ける

相手《あいて》のほうに顔《かお》や体《からだ》を向《む》けると、話《はな》す人《ひと》は安心《あんしん》して話《はなし》をすることができるよ。そっぽを向《む》かれていたら「ちゃんと話《はなし》を聞《き》いてくれているのかな？」って気《き》になってしまうからね。何《なに》かをしているときに話《はな》しかけられた場合《ばあい》は、いったん手《て》を止《と》めて相手《あいて》のほうを見《み》るといいよ。

OK《オーケー》！　　**NG《エヌジー》！**

体《からだ》を向《む》けられないときはどうする？

横《よこ》ならびになっている場合《ばあい》など、相手《あいて》のほうに体《からだ》を向《む》けるのがむずかしいときは、相《あい》づちを打《う》って「話《はなし》を聞《き》いているよ」というサインを出《だ》そう。

ルール ②相《あい》づちを打《う》つ

「相《あい》づちを打《う》つ」というのは、相手《あいて》の話《はなし》に調子《ちょうし》を合《あ》わせてうなずいたり、何《なに》か言《い》ったりすることだよ。「あなたの話《はなし》を聞《き》いてますよ」というサインで、相手《あいて》は「ちゃんと聞《き》いてくれているんだな」と感《かん》じて話《はな》しやすくなるんだ。

NG《エヌジー》!

ブンブン
はっっ
聞《き》いてるよ〜!!!
……
ねてたでしょ…

やりすぎは逆効果《ぎゃくこうか》!

NG《エヌジー》!

ボケ〜〜
聞《き》いてる!? ていうか… 起《お》きてる!?
ねむい

無反応《むはんのう》だと話《はな》しづらい!

OK《オーケー》!

良《よ》いですな!
ほお
うんうん
そうなんだ!
へえ〜
くわしく!
それでそれで?
Me
My

ルール ③話《はなし》をさえぎらない

相手《あいて》の話《はなし》は最後《さいご》まで聞《き》くこと。最《さい》後《ご》まで聞《き》かないと、相手《あいて》が何《なに》を言《い》いたいのかわからないこともあるからね。話《はなし》の途中《とちゅう》で、「それって、何《なに》？」と質問《しつもん》したり、「つまり、こういうこと？」と話《はなし》をいきなりまとめたりすると、いやな印象《いんしょう》を与《あた》えてしまうから気《き》をつけよう。

ズバ!
それって何《なに》!?
えっとね…
ズバ!!
つまりこういうこと?
あの…

ルール ④話《はなし》を横取《よこど》りしない

たとえば、友《とも》だちがサッカーチームの話《はなし》を始《はじ》めて「昨日《きのう》、スタジアムに試《し》合《あい》を見《み》に行《い》ったんだ。それでね…」と、まだ話《はなし》をしているのに、「昨日《きのう》ぼくはプールに行《い》ったよ！」なんて、話《はなし》を横《よこ》取《ど》りしていないかな？

このほかにも、相手《あいて》が話《はな》そうとしていることを「知《し》ってる！　それって、〜〜」などと言《い》うのも、話《はなし》の横取《よこと》りになるから要注意《ようちゅうい》だよ。

わたしそこ知《し》ってるよ〜!!!
あそこのケーキおいしぞ
えっ!?

話《はな》し上手《じょうず》は聞《き》き上手《じょうず》

「話《はな》すのが本当《ほんとう》に上手《じょうず》な人《ひと》は、他人《たにん》の話《はなし》を聞《き》くのも上手《じょうず》」という意味《いみ》の言葉《ことば》だよ。相手《あいて》の話《はなし》をきちんと聞《き》きながら、自分《じぶん》の話《はなし》もできたらかっこいいね。聞《き》くことも、話《はな》すことと同《おな》じくらい大切《たいせつ》なんだ。

ルール ⑤話《はなし》をいきなり否定《ひてい》しない

友《とも》だちの言《い》っていることが自分《じぶん》の考《かんが》えとはちがうなと思《おも》ったとしても、「それはウソだよ」などと否定《ひてい》から始《はじ》めるのはやめよう。

いきなり否定《ひてい》をしてしまうと、相手《あいて》はいやな気分《きぶん》になるし、会話《かいわ》がそこで終《お》わってしまうこともあるよ。「私《わたし》は〜〜と思《おも》うけど、○○ちゃんは、そう思《おも》っているんだね。」と言《い》うようにするといいよ。

いやいや それは ないわ〜〜
ウソ でしょ ソレ
……

ルール ⑥相手《あいて》の言《い》いたいことを確《たし》かめながら聞《き》く

相《あい》づちを打《う》って「相手《あいて》は何《なに》を言《い》いたいのかな」と様子《ようす》を見《み》ながら話《はなし》を聞《き》こう。ぼんやり聞《き》いていると、話《はなし》が途中《とちゅう》でわからなくなってしまって、いつの間《ま》にか自分《じぶん》に都合《つごう》のいい勝手《かって》な思《おも》いこみをしている…なんていうことになりかねないよ。話《はなし》の取《と》りちがいをふせぐためには、おたがいによく確認《かくにん》し合《あ》うことが大事《だいじ》なんだ。

会話《がいわ》
それって、こういうこと？
うん、そうだよ。
キャッチボールは二人《ふたり》で息《いき》を合《あ》わせないと続《つづ》かないのですぞ。

突撃《とつげき》！インタビュー

手話《しゅわ》で気持《きも》ちを伝《つた》えるには？

《手話通訳士《しゅわつうやくし》》南瑠霞先生《みなみるるかせんせい》

わたしたちがインタビューしたよ!!
Me
My

南先生《みなみせんせい》
はじめまして、手話通訳《しゅわつうやく》士《し》の南《みなみ》といいます。今日《きょう》は、手話《しゅわ》パフォーマンス集団《しゅうだん》「きいろぐみ」のいくみさんといっしょにお話《はなし》させていただきます。いくみさんはろう者《しゃ》（耳《みみ》が聞《き》こえない人《ひと》）ですので、わたしが通訳《つうやく》しますね。

いくみさん
こんにちは、よろしくお願《ねが》いします。

まいみょん
よろしくお願《ねが》いします！　手話通訳《しゅわつうやく》って、わたしたちが話《はな》した言葉《ことば》を手話《しゅわ》に置《お》きかえて伝《つた》えるということですか？

南先生《みなみせんせい》
そうですね。「聞《き》いた内《ない》容《よう》を手話《しゅわ》にする⇔ろう者《しゃ》の手話《しゅわ》を音声《おんせい》で伝《つた》える」のやりとりをするのが手話通訳《しゅわつうやく》です。

みいみょん
南先生《みなみせんせい》は、どうして手話《しゅわ》を学《まな》ぼうと思《おも》ったんですか？

南先生《みなみせんせい》
大学生《だいがくせい》のときに仲良《なかよ》くなった子《こ》がろう者《しゃ》だったんです。結果的《けっかてき》には、その子《こ》と話《はなし》をしているうちに覚《おぼ》えられたんだけど…。実《じつ》は当時《とうじ》、その子《こ》とはけんかばっかりしていてね、手話《しゅわ》で言《い》い返《かえ》せないのがくやしくてくやしくて、ねないで特訓《とっくん》して「今日《きょう》は勝《か》つぞ！」と思《おも》っていどんでいたんです。だから、手話《しゅわ》を覚《おぼ》えたのはけんかに勝《か》ちたかったから！　当《とう》

時《じ》は夢《ゆめ》の中《なか》でも練習《れんしゅう》していましたね（笑）。

まいみょん

わたしも夢《ゆめ》の中《なか》でセリフを練習《れんしゅう》したことがある!!

みいみょん

でもたくさん勉強《べんきょう》したんですよね？　手《しゅ》話《わ》って覚《おぼ》えるのが大変《たいへん》そう。

南《みなみ》先《せん》生《せい》

私《わたし》の場《ば》合《あい》は、友《とも》だちとやりとりをしながら覚《おぼ》えていった感《かん》じです。勉強《べんきょう》しているという感覚《かんかく》はあまりなかったですね。

いくみさん

「ろう者《しゃ》」も一人《ひとり》ひとりちがうので、まずはその相《あい》手《て》に向《む》き合《あ》ってもらえれば、と思《おも》います。たとえば、生《う》まれつき耳《みみ》が聞《き》こえない人《ひと》と、途《と》中《ちゅう》から聞《き》こえなくなった人《ひと》、難聴者《なんちょうしゃ》（聞《き》こえづらい人《ひと》）とでは手《しゅ》話《わ》の話《はな》し方《かた》がちがうし、お年《とし》寄《よ》りと子《こ》どもなど、世代《せだい》によって表現《ひょうげん》の仕《し》方《かた》が変《か》わったりもします。

南《みなみ》先《せん》生《せい》

手《しゅ》話《わ》はただの身《み》ぶり手《て》ぶりではなく「独《どく》自《じ》の文《ぶん》法《ぽう》をもつひとつの言《げん》語《ご》」で、表情《ひょうじょう》と動《どう》作《さ》をひっくるめて表《あらわ》すものなんです。勉強《べんきょう》することはもちろん大《たい》切《せつ》なのですが、たとえば「あの子《こ》と話《はな》したい、理《り》解《かい》したい」などという気《き》持《も》ちが続《つづ》けるモチベーションになるのかなと思《おも》います。

みいみょん

新《あたら》しい言《こと》葉《ば》の手《しゅ》話《わ》は、だれがどうやって考《かんが》えるんですか？

まいみょん

デビューしたてのアイドルのグループ名《めい》とか！

南《みなみ》先《せん》生《せい》

日《に》本《ほん》では、京《きょう》都《と》にある「手《しゅ》話《わ》言《げん》語《ご》研《けん》究《きゅう》所《じょ》」という機《き》関《かん》で検《けん》討《とう》して年《ねん》間《かん》に３００語《ご》程《てい》度《ど》が提《てい》案《あん》されています。ただその手《しゅ》話《わ》が定《てい》着《ちゃく》するかどうかは、その言《こと》葉《ば》の使《つか》いやすさや広《ひろ》まり具《ぐ》合《あい》次《し》第《だい》ですね。

いくみさん

アイドルのグループ名《めい》などは、よく会《かい》話《わ》をする人《ひと》たちの中《なか》で決《き》まっていったり、地《ち》域《いき》によってちがったりもしますね。手《しゅ》話《わ》にも方《ほう》言《げん》があるんですよ。

南《みなみ》先《せん》生《せい》

東《とう》京《きょう》より大《おお》阪《さか》のほうが手《しゅ》話《わ》の動《うご》きが大《おお》きいのは、音《おん》声《せい》言《げん》語《ご》と同《おな》じだなと思《おも》いますね。

それと、個人《こじん》によっても表《あらわ》し方《かた》がちがっています。たとえば「山田《やまだ》さん」と名前《なまえ》を呼《よ》ぶときは、「山《やま》」の手話《しゅわ》と、漢字《かんじ》を示《しめ》す「田《た》」の手《しゅ》話《わ》で表現《ひょうげん》することが多《おお》いですが、「田尻《たじり》さん」だったら、「しり」を自分《じぶん》のおしりを示《しめ》して表現《ひょうげん》する人《ひと》もいるし、指文字《ゆびもじ》で「じ+り」を表現《ひょうげん》する人《ひと》もいます。

まいみょん

おしりを指《さ》すのは、わかりやすいかも!!

南《みなみ》先《せん》生《せい》

そういえば「呼《よ》び方《かた》」についていうと、手話《しゅわ》では友《とも》だち同士《どうし》の会話《かいわ》などであまり相手《あいて》の名前《なまえ》を呼《よ》ばないかもしれません。

みいみょん

じゃあ、わたしのことを呼《よ》ぶときはどうするんですか?

南《みなみ》先《せん》生《せい》

「みいさん」「みいみょん」などとは呼《よ》ばずに、「ねえねえ」「あなた」というような手《しゅ》話《わ》で表現《ひょうげん》することが多《おお》いですね。その人《ひと》がいないときにはニックネーム(手話《しゅわ》ネーム)で呼《よ》ぶこともあります。

いくみさん

たとえば、みいみょんだったら「おだんごヘア」かな?見《み》た目《め》の特徴《とくちょう》で表現《ひょうげん》することが多《おお》いように思《おも》います。

まいみょん

敬語《けいご》でお話《はな》ししたいときは、何《なに》か特別《とくべつ》な手話《しゅわ》をするんですか?

いくみさん

手話《しゅわ》は同《おな》じですが、動《うご》きや表情《ひょうじょう》をていねいにして伝《つた》えます。手話《しゅわ》では表情《ひょうじょう》も重要《じゅうよう》なので、お願《ねが》いするときの顔《かお》つき・動《うご》きがポイントになります。姿勢《しせい》を低《ひく》くするようなイメージというとわかりやすいでしょうか。

南《みなみ》先《せん》生《せい》

表情《ひょうじょう》は「気持《きも》ちの程度《ていど》」も表《あらわ》します。声《こえ》の高《たか》さで伝《つた》わり方《かた》が変《か》わるのと同《おな》じですね。「怒《おこ》っている」でも、ちょっとむっとしているのか、すごく怒《おこ》っているのかで顔《かお》つきや声《こえ》の調子《ちょうし》が変《か》わるでしょう? うれしい話《はなし》をするときはうれしい表情《ひょうじょう》で、悲《かな》しい話《はなし》をするときは悲《かな》しげな表情《ひょうじょう》をすると手話《しゅわ》も伝《つた》わりやすくなります。

まいみょん

わたしね、手話《しゅわ》でないしょ話《ばなし》をしてみたいんです。

いくみさん

いいですね！　手話《しゅわ》はさわがしい場所《ばしょ》でも、静《しず》かにしないといけない場所《ばしょ》でも、どちらでも会話《かいわ》ができるし、おたがいが見《み》えるきょりであればはなれていても大丈夫《だいじょうぶ》です。同《おな》じホームのこちらと向《む》こうで、電車《でんしゃ》の窓《まど》ごしに会話《かいわ》することもできますよ。

南《みなみ》先《せん》生《せい》

赤《あか》ちゃんは言葉《ことば》を発《はっ》するよりもおててのサインを覚《おぼ》えるほうが早《はや》いそうです。「おっぱいがほしい」「おむつをかえて」などを手《て》の動《うご》きで教《おし》えてくれるんですって。そんなサインを大《おお》きくなってもわすれないようにしようという流《なが》れもあって、私《わたし》はこういう小《ちい》さなことから手話《しゅわ》が広《ひろ》まっていくといいなと思《おも》っています。

いくみさん

そんなふうに手話《しゅわ》が広《ひろ》まって、いろいろな人《ひと》が自然《しぜん》に会話《かいわ》ができるような世《よ》の中《なか》になったらうれしいですね。もし手話《しゅわ》を覚《おぼ》えたいと思《おも》っている子《こ》がいたら、聞《き》こえない人《ひと》にどんどん話《はな》しかけてコミュニケーションの仕方《しかた》を相手《あいて》といっしょに作《つく》っていってほしいです。手話《しゅわ》ができなくても、表情《ひょうじょう》に出《だ》してゆっくり話《はな》せば伝《つた》わるかもしれない、むずかしいときは文字《もじ》でやりとりしてみる、そうやってさまざまな方法《ほうほう》を考《かんが》えておたがいの世界《せかい》を広《ひろ》げていくのはすごくすてきなことだと思《おも》います。

南《みなみ》先《せん》生《せい》

手話通訳《しゅわつうやく》がついているテレビ番組《ばんぐみ》もあるのでぜひ見《み》てみてください。また、デフリンピックというろう者《しゃ》のためのオリンピックも4年《ねん》ごとに開催《かいさい》されています。あなたたちが大人《おとな》になったとき、すべての人《ひと》が手《て》を取《と》り合《あ》って助《たす》け合《あ》える社会《しゃかい》であるように願《ねが》っています。

お次《つぎ》は手話《しゅわ》を紹介《しょうかい》しますぞ!!

コラム2

手話《しゅわ》で表現《ひょうげん》してみよう

「遊《あそ》ぶ」の手話《しゅわ》は
チャンバラごっこ
が語源《ごげん》なのですぞ。

かんたんな手話《しゅわ》を紹介《しょうかい》するよ。覚《おぼ》えて使《つか》ってみよう！

●私《わたし》は　あなたが　好《す》き

❶「私《わたし》」 人差《ひとさ》し指《ゆび》で自《じ》分《ぶん》を指《さ》す。

❷「あなた」 人差《ひとさ》し指《ゆび》で相手《あいて》を指《さ》す。

❸「好《す》き」 人差《ひとさ》し指《ゆび》と親指《おやゆび》を、のど元《もと》からすぼめるように下《した》に動《うご》かす。

●友《とも》だち

自分《じぶん》の手《て》をあくしゅして、軽《かる》くゆらす。

●いっしょに　遊《あそ》ぼう

❶「いっしょ」 胸《むね》の前《まえ》で両手《りょうて》の人差《ひとさ》し指《ゆび》を立《た》てて、内側《うちがわ》に向《む》かって近《ちか》づける。

❷「遊《あそ》ぶ」 かたの上《うえ》で人《ひと》差《さ》し指《ゆび》を交互《こうご》に前後《ぜんご》させて動《うご》かす。

いちばんやさしい
手話

いちばんやさしい手話
（永岡書店）
A5判／224ページ／1600円

南瑠霞（みなみ　るるか）
手話通訳士。手話コーディネーター。手話パフォーマー。大学時代にろうの友人と出会い手話の道へ進む。手話の演劇集団「手話パフォーマンスきいろぐみ」主宰。手話ミュージカル・手話ライブなどで全国を回る。ろう者とともに、手話のエンタメに特化したカンパニー「手話あいらんど」を立ち上げ、手話の映像や舞台作品を手掛けるほか、手話教室なども展開している。

いくみ
ろう者。手話パフォーマンスきいろぐみの俳優。

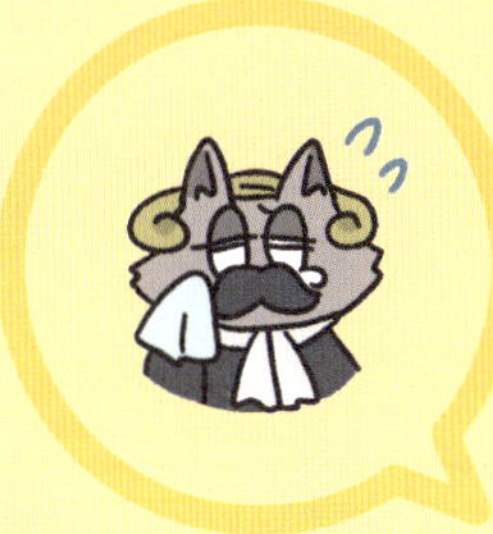

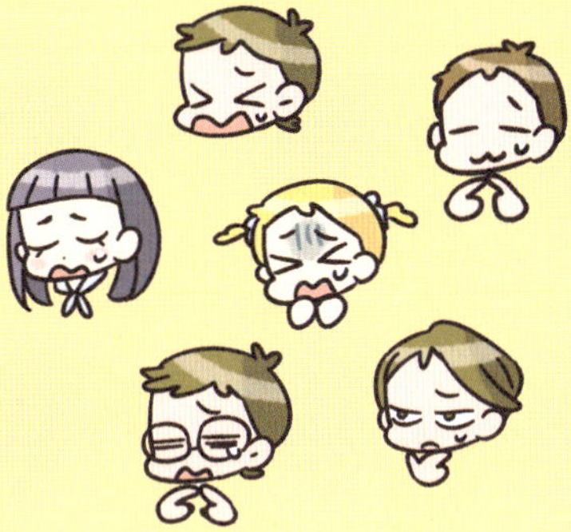

PART 3

みんなの
おなやみ相談室《そうだんしつ》

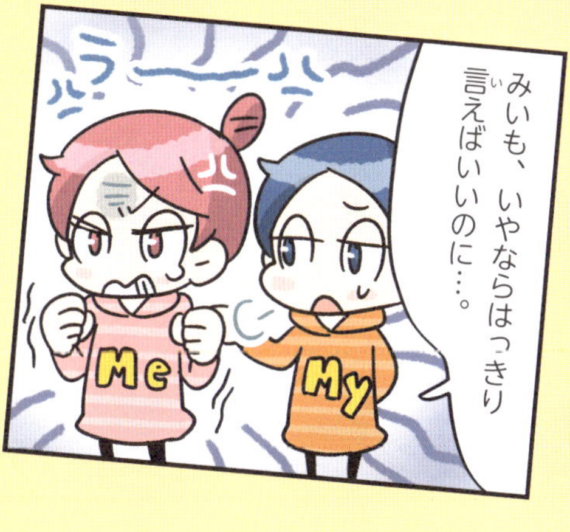
ウーー
Me
My
みいも、いやならはっきり
言《い》えばいいのに…。

おなやみ相談室《そうだんしつ》 1

あやまってるのに、どうして怒《おこ》られなきゃならないんですか？

ゆあくんの相談《そうだん》

ゆあくん、貸《か》してたゲームは持《も》ってきてくれた？
あっ、忘《わす》れてた…。
また〜!?
今日《きょう》こそ持《も》ってくるって言《い》ってたのに!!
ごめんごめん！
ピュ〜
明日《あした》持《も》ってくるよ〜。
ザン
ん？
わたし、1週間前《しゅうかんまえ》から毎日《まいにち》言《い》ってるんだよ!?
ぜんぜんあやまってる感《かん》じがしないし!!
約束《やくそく》はやぶっちゃダメなんだから!!
わ〜〜!?
ゆあくんの頭《あたま》
あやまってるのに、何《なん》でそんなに怒《おこ》るんだよ!?
その理由《りゆう》、お教《おし》えしますぞ!!
え…ネコ!?
気《き》持《も》ちの伝《でん》道《どう》師《し》、
Mo.チュルルです！

きみは、相手《あいて》の態度《たいど》に怒《おこ》っちゃったことはないかな？

あやまるときは、相手《あいて》のほうを見《み》るのが大事《だいじ》なのですぞ。
じっ
それに…
1週間《しゅうかん》も忘《わす》れられたら、返《かえ》す気《き》がないんだなって思《おも》われちゃうよ？
え〜!!
オレ、返《かえ》す気《き》マンマンなのに!!
Me
こんなふうに言《い》ってみよう！
忘《わす》れてごめんね。明日《あした》は、必《かなら》ず持《も》ってくるよ。
あやまる言葉《ことば》
＋
自分《じぶん》にできることを提案《ていあん》する
約束《やくそく》は守《まも》りましょう。でないと、友《とも》だちからの信用《しんよう》を失《うしな》ってしまいますぞ。
そっか〜
今日《きょう》から気《き》をつけるよ!!
相手《あいて》のほうを見《み》て、しっかり心《こころ》をこめてあやまろう。

おなやみ相談室《そうだんしつ》2

どうしても素直《すなお》にあやまれません…

まいみょんの相談《そうだん》

今日《きょう》は超特快《ちょうとっかい》のレオくんから、ケーキの差《さ》し入《い》れがありまーす!!
超特快《ちょうとっかい》レオ様《さま》
えっ、レオ様《さま》から!?
ケーキ
キャ〜〜〜!!
ケーキうれしいね〜
ドサ!
あ!
アレ?
ず〜ん…
箱《はこ》から出《だ》した
……
ほ、ほら!!
大丈夫《だいじょうぶ》、くずれただけだから食《た》べられるよ!!
うっ、うん…。
ずず〜ん…
……

きみは、素直《すなお》にあやまれなかったことはない？

わざとじゃないし!!
味《あじ》は変《か》わらないもん!!
わたしのせいじゃない!!
うん…
でも、ケーキがくずれちゃってちょっと残念《ざんねん》…。
うっ…
本当《ほんとう》は、わたしが悪《わる》いってわかってるよ…。でも素直《すなお》に「ごめん」って言《い》えなくて…。
しかし、自分《じぶん》のまちがいをみとめるのは大事《だいじ》なことですぞ。
意地《いじ》をはってしまう気持《きも》ちはわかりますがな、
あやまる＝負《ま》けるではないので、ご安心《あんしん》を!!
え!?

みんな、さっきはケーキを落《お》としちゃってごめんね。
いいよ!

こんなふうにしてみよう!

会話《かいわ》は勝《か》ち負《ま》けではない。自分《じぶん》のまちがいをみとめる勇気《ゆうき》をもとう。

会話《かいわ》は言葉《ことば》をやりとりしてわかり合《あ》うためのものだよ。自分《じぶん》のまちがいに気《き》づいたら、勇気《ゆうき》を出《だ》してあやまろう。あやまったことで、もやもやした気持《きも》ちに区切《くぎ》りをつけられるようにもなるよ。

おなやみ相談室《そうだんしつ》 3

仲良《なかよ》くなりたいのに、さけられてるみたいなんです…

ゆうくんの相談《そうだん》

劇団《げきだん》に新《あたら》しい子《こ》が入《はい》ってきたんです…。
みんなよろしくたのむぞ！
よろしくお願《ねが》いします！
は〜い！
おい、そこのおまえ！
え!?
ペラペラペラ…
何《なん》てよべばいい？
年下《としした》だよな!!
何期入団《なんきにゅうだん》？
あ！
好《す》きなアイドルっている!?
あ…
あの…
ズズズィ…
えっ、あっ、あの…。
おーい、聞《き》いてる？
ひっ…
ごめんなさ〜い!!
あれ？
ゆうくんの頭《あたま》

初《はじ》めて会《あ》う人《ひと》に、どんなふうに話《はな》しかけられたらうれしいかな？

オレ、何《なに》かマズいことしましたか？
いやいや…
いきなり「おまえ」って言《い》われたらこわいだろー。
しかも年上《としうえ》から！
それに、立《た》て続《つづ》けに質問《しつもん》こうげきしてるしねえ…。
そんな～
えっ、早《はや》く仲良《なかよ》くなりたかったから話《はな》しかけただけなのに!!
そんなときは…。
こんなふうに言《い》ってみよう！
オレ、前須《まえす》ゆう、よろしくね。
自己紹介《じこしょうかい》は自分《じぶん》から
名前《なまえ》は、何《なん》てよんだらいい？
質問《しつもん》は一《ひと》つずつ
「はじめまして」の場面《ばめん》はだれでも緊張《きんちょう》するものです。相手《あいて》の気持《きも》ちを考《かんが》えて話《はな》すようにしましょうな。
これはダメ！
前《まえ》のめり
矢《や》つぎばや
上《うえ》から目線《めせん》
会話《かいわ》のキャッチボールを心《こころ》がけて。相手《あいて》の返事《へんじ》をきちんと聞《き》いてから次《つぎ》の質問《しつもん》をしよう。

おなやみ相談室《そうだんしつ》4

断《ことわ》られるのがこわくてさそえません…

いっとんの相談《そうだん》

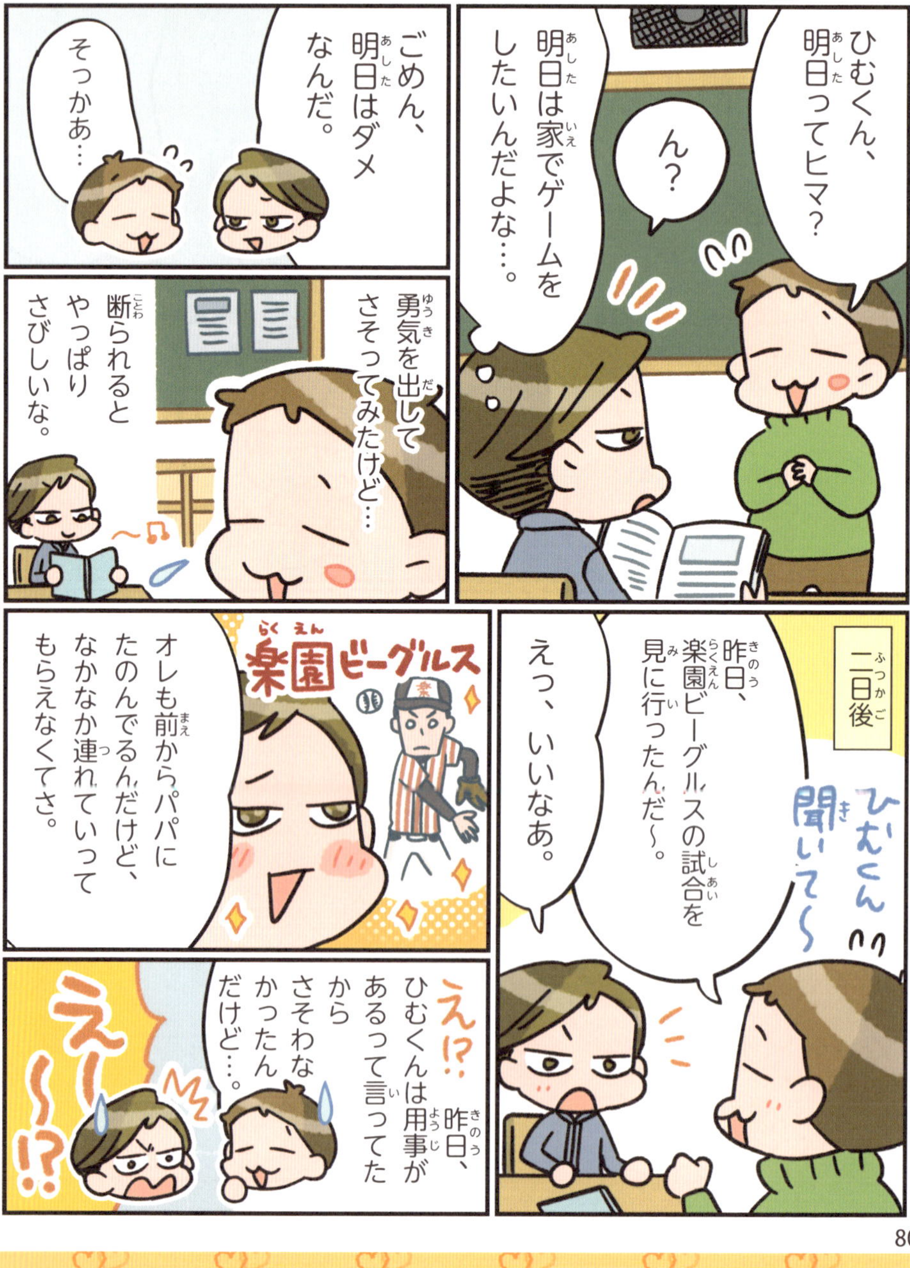

ひむくん、明日《あした》ってヒマ？
ん？
明日《あした》は家《いえ》でゲームをしたいんだよな…。
ごめん、明日《あした》はダメなんだ。
そっかあ…
勇気《ゆうき》を出《だ》してさそってみたけど…
断《ことわ》られるとやっぱりさびしいな。
～♪
二日後《ふつかご》
昨日《きのう》、楽園《らくえん》ビーグルスの試合《しあい》を見《み》に行《い》ったんだ～。
ひむくん聞《き》いて～
えっ、いいなあ。
楽園《らくえん》ビーグルス
オレも前《まえ》からパパにたのんでるんだけど、なかなか連《つ》れていってもらえなくてさ。
え!?
昨日《きのう》、ひむくんは用事《ようじ》があるって言《い》ってたからさそわなかったんだけど…。
え～～!?

きみは、自分《じぶん》からさそえているかな？

それなら、そうと言《い》ってよ!!
え？
だって、ヒマじゃないって…。
ん？
そういうときは「どこに行《い》く」のか「何《なに》をする」のかを言《い》うのがいいと思《おも》うよ。
え？
うん、
野球《やきゅう》の試合《しあい》だって知《し》ってたら行《い》きたいって言《い》うよなあ!!
え〜〜!!
こんなふうに言《い》ってみよう！
明日《あした》の午後《ごご》、野球《やきゅう》の試合《しあい》があるからいっしょに行《い》かない？
さそう目的《もくてき》・時間《じかん》 など
＋
さそいの言葉《ことば》
そっか、内容《ないよう》が伝《つた》わっていなくて断《ことわ》られちゃったんだね。
そうそう！
そして、断《ことわ》られても気《き》にしないこともポイントのひとつですぞ！
ファイト！
いつ、どこで、何《なん》をするのかを伝《つた》えよう。

おなやみ相談室《そうだんしつ》5

気《き》をつかっちゃって うまく断《ことわ》れません…

しいちゃんの相談《そうだん》

しいちゃん、明日《あした》いっしょにボイトレしない？
え？
明日《あした》はダンスの練習《れんしゅう》がしたいな…。
うーん、行《い》けたら行《い》くね！
わかった〜！
しいちゃんも来《く》るかもしれないから、おかしも用意《ようい》しておこうっと♪
次《つぎ》の日《ひ》
ポツーーン…
今日《きょう》は一人《ひとり》なの？
ボイトレの先生《せんせい》
いっしょに食《た》べようと思《おも》ってたおかし
ちょっと〜!!
結局《けっきょく》来《こ》なかった!! 待《ま》ちぼうけだよ!!
キィ〜!!
来《く》る気《き》がないなら最初《さいしょ》からそう言《い》えばいいのに!!
あらら
そのころのしいちゃん
まいみょんも今《いま》ごろがんばってるはず。わたしだって!!
おこらせてることに気《き》づいてない…

あいまいな返事《へんじ》をして、誤解《ごかい》されちゃったことはないかな？

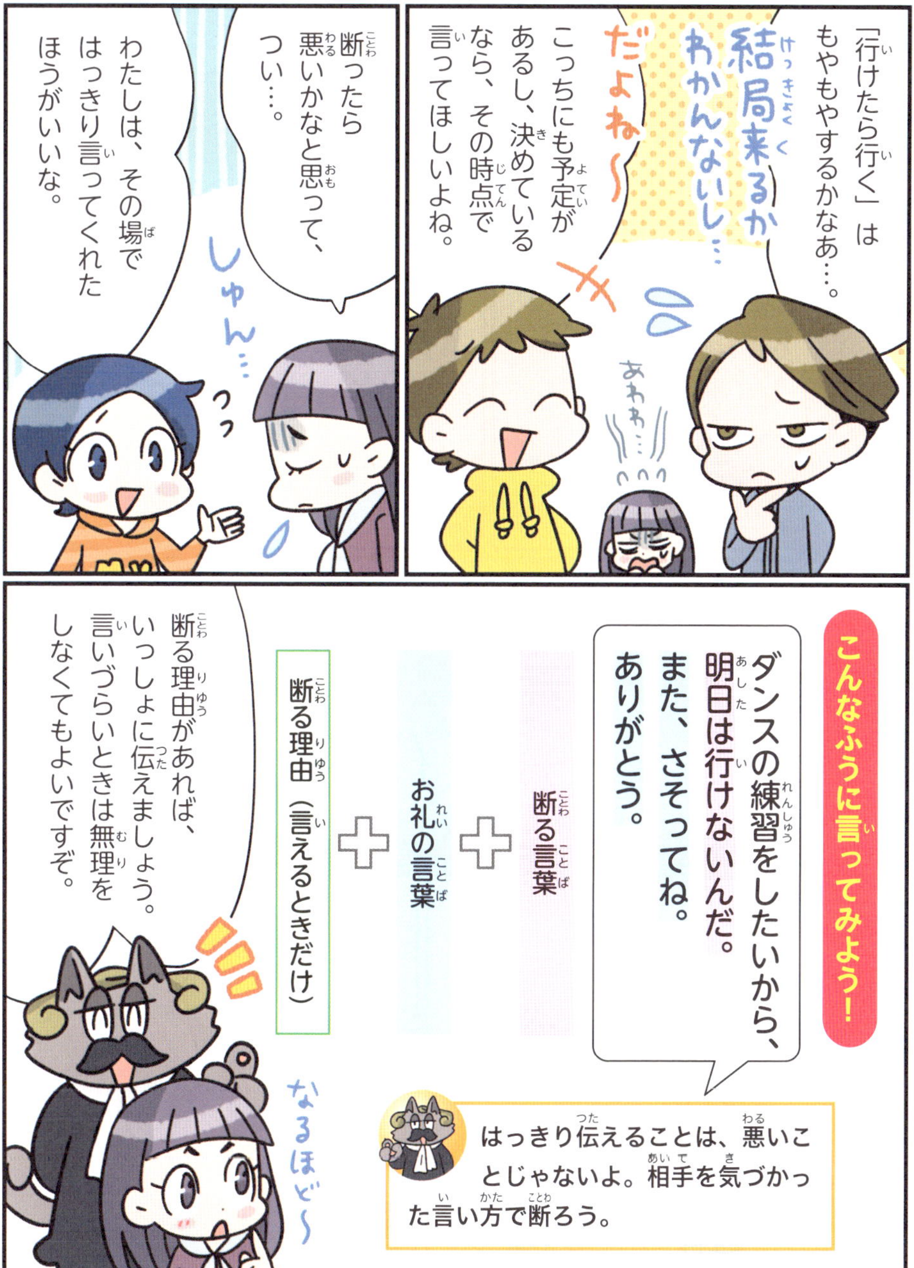
「行《い》けたら行《い》く」はもやもやするかなあ…。
結局《けっきょく》来《く》るかわかんないし…
だよね〜
こっちにも予定《よてい》があるし、決《き》めているなら、その時点《じてん》で言《い》ってほしいよね。
あわわ…
断《ことわ》ったら悪《わる》いかなと思《おも》って、つい…。
しゅん…
わたしは、その場《ば》ではっきり言《い》ってくれたほうがいいな。
こんなふうに言《い》ってみよう！
ダンスの練習《れんしゅう》をしたいから、明日《あした》は行《い》けないんだ。また、さそってね。ありがとう。
断《ことわ》る言葉《ことば》 ＋ お礼《れい》の言葉《ことば》 ＋ 断《ことわ》る理由《りゆう》（言《い》えるときだけ）
断《ことわ》る理由《りゆう》があれば、いっしょに伝《つた》えましょう。言《い》いづらいときは無理《むり》をしなくてもよいですぞ。
なるほど〜
はっきり伝《つた》えることは、悪《わる》いことじゃないよ。相手《あいて》を気《き》づかった言《い》い方《かた》で断《ことわ》ろう。

おなやみ相談室《そうだんしつ》 6

やめてって言《い》ってるのに、からかわれてしまいます…

みいみょんの相談《そうだん》

えっ
みいみょ～～ん、昨日《きのう》、おまえらのパンのCM《シーエム》見《み》たぜ!!
まいみょんといっしょにおどってたよなー。
げーのーじーん♪ CM《シーエム》のセリフ、言《い》ってくれよー。
パン おいしいね！ だっけ？
ムカァ…
な…
はっ…
も…
もうやめてよ～。芸能人《げいのうじん》ってほどじゃないし…。
おはは～！
ちょっと～!!
あんたたち、いいかげんにしなさいよっ!!
やべっ、もう一人《ひとり》のげーのーじん登場《とうじょう》!!
う～～～
みいも、いやならはっきり言《い》えばいいのに…。

きみは、はっきり「いやだ」と言《い》えているかな？

笑《わら》いながら「やめて」って言《い》っても、相手《あいて》にはいやだって伝《つた》わらないんじゃないかな？
ドカッ
うーん
いたい!!
そうだよ、もっとガツンと言《い》わないと!!
みいは、もともと言《い》い方《かた》がやさしいからなあ。
そう、**いやなときははっきりと言《い》うこと**!! 笑《わら》いながらでは「本気《ほんき》」が伝《つた》わりませんぞ。
こんなふうに言《い》ってみよう！
本当《ほんとう》にいやだから、まねするのはやめて。
●（私《わたし》は）いやだ
＋
●～～するのはやめて
●低《ひく》い声《こえ》で
●ゆっくりはっきりと
●真顔《まがお》で
相手《あいて》に本気《ほんき》だということを伝《つた》えよう。
相手《あいて》に伝《つた》わっていないと思《おも》ったら、**自分《じぶん》の言《い》い方《かた》を見直《みなお》してみることも大事《だいじ》**なのです。
そっか～
わたしの本気《ほんき》、ちゃんと伝《つた》えないとね!!

おなやみ相談室《そうだんしつ》 7

質問《しつもん》に答《こた》えたくないときは、どうしたらいいですか？

ひむくんの相談《そうだん》

ひむくーん、グルメ番組《ばんぐみ》の食《しょく》レポ、どうだった？うまくできた？
ピクッ
ゴゴゴ…
は？
関係《かんけい》ないでしょ。
えええええええーーー!?!?
ガ～ン!
ヨロロロ……
はあ…
初《はじ》めての食《しょく》レポ、失敗《しっぱい》ばっかりでさんざんだったんだよな…。
ここここのスパゲティは!!!
それラーメンだよ
カクカク
とり直《なお》しでーす
ず～ん…
って、はあちゃん、どうしたの!?
ブクブク…
ええ!?

質問《しつもん》に答《こた》えたくないとき、きみはどうしているかな？

「関係《かんけい》ない」ってばっさり言《い》われたら、ショックだよね…。
こわいし、感《かん》じ悪《わる》いしなあ。
ぼくが言《い》われたら、泣《な》いちゃうかも…。
ううわ～
思《おも》い出《だ》したくないことを聞《き》かれて、ついイラッとしちゃったんだ…。
ごめんね はあちゃん
いいよ！
こんなふうに言《い》ってみよう！
今《いま》は、そのことを話《はな》したくないんだ。
●話《はな》せないよ
●言《い》いたくないんだ　など
＋
●また今度話《こんどはな》すね
（後《あと》でなら、言《い》えそうな場合《ばあい》）
こんな言葉《ことば》はNG《エヌジー》！　気《き》をつけて
●ほっといてよ　●うるさいな
●口出《くちだ》しするな　●関係《かんけい》ないでしょ
「今《いま》はきげんが悪《わる》いからあとでね」と正直《しょうじき》に打《う》ち明《あ》けるのも手《て》ですぞ。
今度《こんど》からそうしてみるよ!!
“ふれられたくない話題《わだい》”のひとつやふたつ、だれにでもあるもの。でも、相手《あいて》はそのことを知《し》らないんだ。自分《じぶん》のふきげんをそのままぶつけるのはNG《エヌジー》だよ。

おなやみ相談室《そうだんしつ》 8

友《とも》だちの失敗《しっぱい》を注意《ちゅうい》したら、ぼくが責《せ》められました…

ゆあくんの相談《そうだん》

学校《がっこう》で調理実習《ちょうりじっしゅう》があったんだけどさ…。
Let's《レッツ》 Cooking《クッキング》!
調味料《ちょうみりょう》を量《はか》る担当《たんとう》
野菜《やさい》を切《き》る担当《たんとう》
いためる担当《たんとう》
できたっ!!
野菜《やさい》いため完成《かんせい》〜!
プスプス…
何《なん》か、ところどころこげてるね…。
ゴメン! ぼくが野菜《やさい》をいためすぎちゃったかも…。
まっず!!
うわー、コゲコゲ!! お前《まえ》のせいだぞ。
……
ちょっと!!
ゆあくん、ひどーい!!
え!?
何《なん》でオレ!?

みんなの前《まえ》で失敗《しっぱい》を責《せ》められたら、どんな気持《きも》ちになる？

って、ことがあってさ。
は〜
ゆあの気持《きも》ちはわかるけど、その言《い》い方《かた》だと、相手《あいて》は責《せ》められてるって思《おも》うぜ？
ぼくだったら、気《き》にして次《つぎ》も失敗《しっぱい》しちゃいそう…。
え〜
それに、一人《ひとり》だけのせいにするのもよくないと思《おも》うぜ？
みんなで作《つく》ってるのに…
じゃあ、何《なん》て言《い》えばいいんだよ〜。
そんなときはこうじゃ！

こんなふうに言《い》ってみよう！

ドンマイ。次《つぎ》は、こげないように気《き》をつけようぜ。

失敗《しっぱい》を受《う》け止《と》める言葉《ことば》 ＋ 次《つぎ》への前向《まえむ》きな言葉《ことば》

「こうするといいかも」とアドバイスを交《まじ》えるのもよいですな。
後日《ごじつ》
うまいっ！
オレたちやればできる！
うんうん

今度《こんど》はうまくいくように、みんなで協力《きょうりょく》し合《あ》う方法《ほうほう》を考《かんが》えるきっかけになる言葉《ことば》をかけられるといいね。

おなやみ相談室《そうだんしつ》 9

ほめたのに、怒《おこ》らせてしまいました…

No～…

いっとんの相談《そうだん》

ダンスのレッスン中《ちゅう》
まいみょん、今日《きょう》はいいね～。動《うご》きがキレッキレだよ～。
ほんと？ありがとう。
ん…？
今《いま》の、何《なん》かもやもやする…。
何《なん》でだろ？
ダンス、今日《きょう》はいいよね！
今日《きょう》は…
はっ!!
ちょっと～!!
「今日《きょう》は」ってどういうこと!? そういうときは「今日《きょう》も」って言《い》ってよ!!
え～!?
ほめたのに、何《なん》でぼくが怒《おこ》られるのっ!?
!?

きみは、あいまいな言《い》い方《かた》をしていないかな？

それはですな、**言《い》い方《かた》ひとつで変《か》わる**
伝《つた》わり方《かた》は
からなんですぞ。
え？
どういうこと？
自分《じぶん》はほめたつもりでも、相手《あいて》はちがう意味《いみ》で受《う》け取《と》っているかもしれないのです。
✕
「今日《きょう》**は**いいね。」
⬇（いつもはダメだけど）今日《きょう》はいいね。
○
「今日《きょう》**も**いいね。」
⬇（いつもいいけど）今日《きょう》もいいね。
ノ〜
NO〜！
こんなふうに言《い》ってみよう！
今日《きょう》もいいね。
こんな言《い》い方《かた》もおすすめ！
●今日《きょう》は、特《とく》にいいね！
●すごくいいね！
ええ〜っ、「いつもはダメ」だなんて思《おも》ってないよ。
これからは言《い》い方《かた》に気《き》をつける!!
うんうん
「今日《きょう》は」と「今日《きょう》も」のように、一字《いちじ》ちがうだけで、印象《いんしょう》が大《おお》きく変《か》わってしまうよ。うっかり言《い》ってしまう前《まえ》に、どんな意味《いみ》になるかをよく考《かんが》えよう。

おなやみ相談室《そうだんしつ》 10

悪口《わるくち》大会《たいかい》に参加《さんか》したくないです。どうしたらいいですか？

はあちゃんの相談《そうだん》

休《きゅう》けい中《ちゅう》
みんなで何《なに》を話《はな》してるの？
あっ、はあちゃん!!
ねえねえ、
しいちゃんって、優等生《ゆうとうせい》ぶってると思《おも》わない？
しいちゃん
えっ…
くすくす
先生《せんせい》にこび売《う》ってるの、バレバレだよね〜。
わかる〜!!
がんばってますアピールもウザいし〜。
……
はあちゃんもそう思《おも》うでしょ？
えっ、ああ、そう…かも？
だよね〜!
あわわ…
わたしはしっかり者《もの》のしいちゃんが好《す》きなんだけどな。ウソついちゃった…。

まわりの人《ひと》に合《あ》わせて、悪口《わるくち》を言《い》ってしまったことはないかな？

って、いうことがあったの。
しゅん…
悪口《わるくち》っていやだよね…。
でもさ～
「そうかも」だと、はあちゃんも悪口《わるくち》言《い》ってたことになっちゃわない？
え～!?
チュルル～、どうしよう!!
ちがうのに～!
そういうときは、ですな…。

悪口《わるくち》には勇気《ゆうき》を出《だ》してスルーがいちばん!! もしくは、これらの手《て》を使《つか》うのもいいですぞ。
・「よくわからない」と言《い》う
・その場《ば》からはなれる

こんなふうに言《い》ってみよう！

そんなふうに思《おも》ったことないよ。しいちゃん、しっかり者《もの》だよ。

●（私《わたし》は）そう思《おも》わない ＋ 相手《あいて》のいいところ

そうかなあ。そういえば、超特快《ちょうとっかい》の新曲《しんきょく》聞《き》いた？

●そういえば ＋ 話題《わだい》を切《き》りかえる言葉《ことば》

おなやみ相談室《そうだんしつ》 11

大勢《おおぜい》で話《はな》すのが苦手《にがて》です…

みいみょんの相談《そうだん》

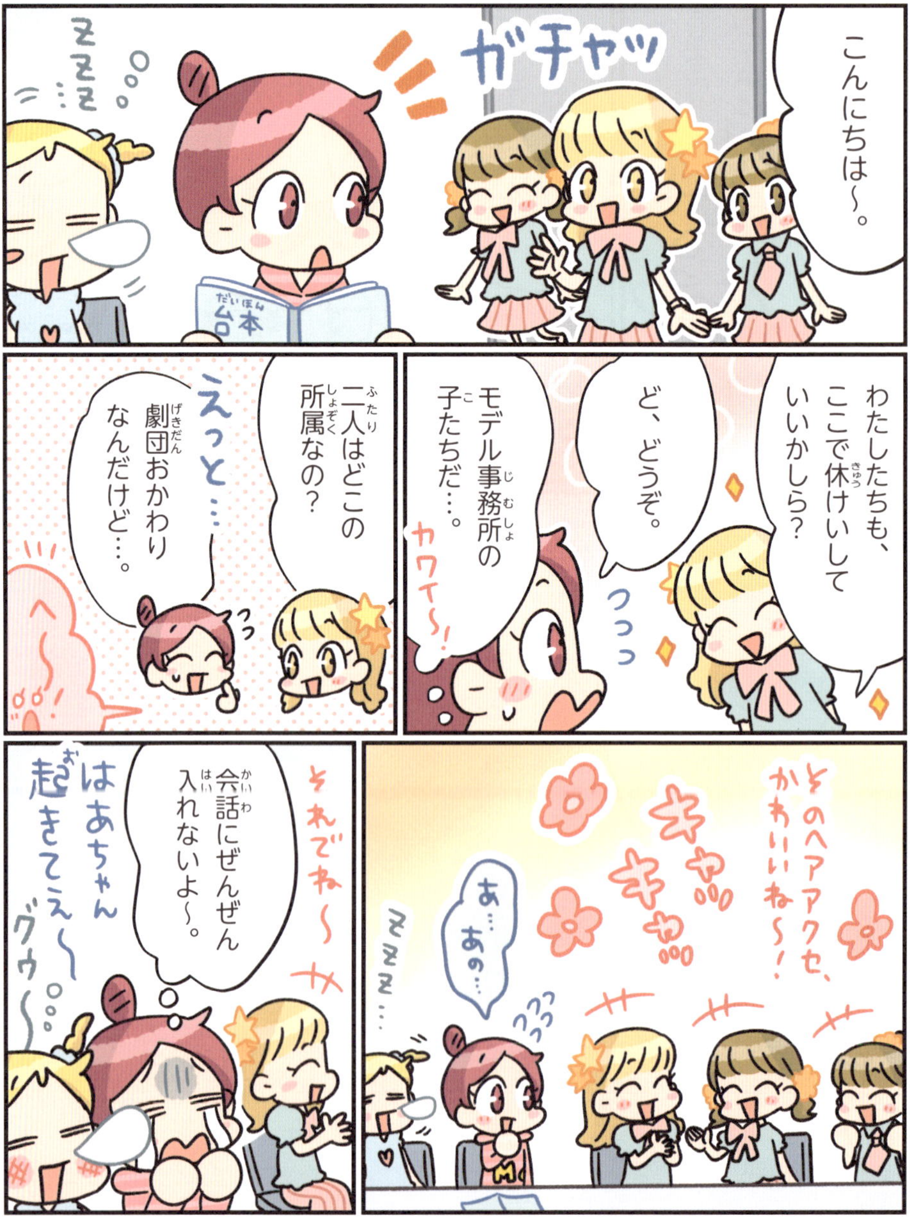
こんにちは～。
ガチャッ
わたしたちも、ここで休《きゅう》けいしていいかしら？
ど、どうぞ。
モデル事務所《じむしょ》の子《こ》たちだ…。
カワイ～！
二人《ふたり》はどこの所属《しょぞく》なの？
えっと…
劇団《げきだん》おかわりなんだけど…。
へ～
このヘアアクセ、かわいいね～！
キャ
キャ
あ…あの…
会話《かいわ》にぜんぜん入《はい》れないよ～。
それでね～
はあちゃん起《お》きてえ～
グウ～

きみはグループの中《なか》で、話《はな》すほう？　聞《き》くほう？

大勢《おおぜい》で話《はな》すの、苦手《にがて》なんだよね…。
はあ…
知《し》らない人《ひと》が多《おお》いと話《はな》しづらくなるしね。
そうなの！
話《はなし》についていけないし、話《はな》すのがかぶると気《き》まずいし…。
フムフム…
では、大勢《おおぜい》の人《ひと》との会話《かいわ》のコツを伝授《でんじゅ》しましょう!!

こんなふうにしてみよう！

話題《わだい》についていけないときは、聞《き》き役《やく》でのりきる！

へえ～。

うんうん。

そうなんだね。

話《はな》し出《だ》すタイミングがかぶったときは相手《あいて》にゆずる言葉《ことば》を言《い》う。

あ、かぶった！
○○ちゃん、
お先《さき》にどうぞ。

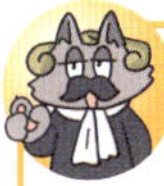

相《あい》づちを打《う》って聞《き》くようにすると、「それって～～なの？」と、話《はなし》に入《はい》りやすくなるよ。自分《じぶん》がゆずってもらったときは、「○○ちゃん、さっきの話《はなし》は何《なん》だった？」と話《はな》し終《お》わったときに言《い》うようにしよう。

おなやみ相談室《そうだんしつ》 12

「別《べつ》にいいけど」って言《い》っちゃダメなんですか?

ひむくんの相談《そうだん》

おはよー
おはよ~!!
あのね、ひむくんは「お笑《わら》い係《がかり》」に決《き》まったよ。
え?
何《なに》それ?
お笑《わら》い?
昨日《きのう》ひむくんはお休《やす》みだったでしょ。学級会《がっきゅうかい》で係決《かかりぎ》めがあったんだけど…。
どうかな?
劇団《げきだん》にも入《はい》ってるし、お笑《わら》いもヨユーでしょ!ってことで。
決《き》める前《まえ》に言《い》ってよ…
ええ…
お笑《わら》いしたことない
はぁ~…
いや、まあ…別《べつ》にいいけど…。
ず~ん…
なんかすごくいやそう…。
そんなに…?

「別《べつ》にいいけど」って言《い》っちゃうのはどんなときかな？

「別《べつ》にいい」って、すごくいやそうに聞《き》こえるね。
本当《ほんとう》は納得《なっとく》していないんじゃない？
しいちゃんするどい！
そう、ひむくんは本当《ほんとう》の気持《きも》ちを言葉《ことば》にしていないのですな。
言葉《ことば》
「別《べつ》にいいけど…」
本心《ほんしん》
（本当《ほんとう》はいやだ）
こんなふうに言《い》ってみよう！
決《き》める前《まえ》に、ぼくにも聞《き》いてほしかったな。
自分《じぶん》の本心《ほんしん》を言葉《ことば》にする
思《おも》っていることとちがうことを言《い》ってしまっては、気持《きも》ちは伝《つた》わりませんぞ。
ビシッ！
納得《なっとく》できないときは、「〇〇係《かかり》ならできるよ」などと言《い》ってみるのもアリ！
うんうん
そして、おたがいに思《おも》いやりをもつことが大事《だいじ》なんですな。
さっきはゴメンな
いいよ！

おなやみ相談室《そうだんしつ》 13

注意《ちゅうい》をしているのに、だれも聞《き》いてくれません…

しいちゃんの相談《そうだん》

レッスン後《ご》のそうじ中《ちゅう》
ん？
この角度《かくど》…
イイね！
そうじの舞《まい》！
ダジャレ～!!
ちょっと～!!
遊《あそ》んでいないで、ちゃんとやってよ!!
ドカ～ン!!
えっ…

どんなふうに言《い》われたら、やる気《き》が出《で》ると思《おも》う？

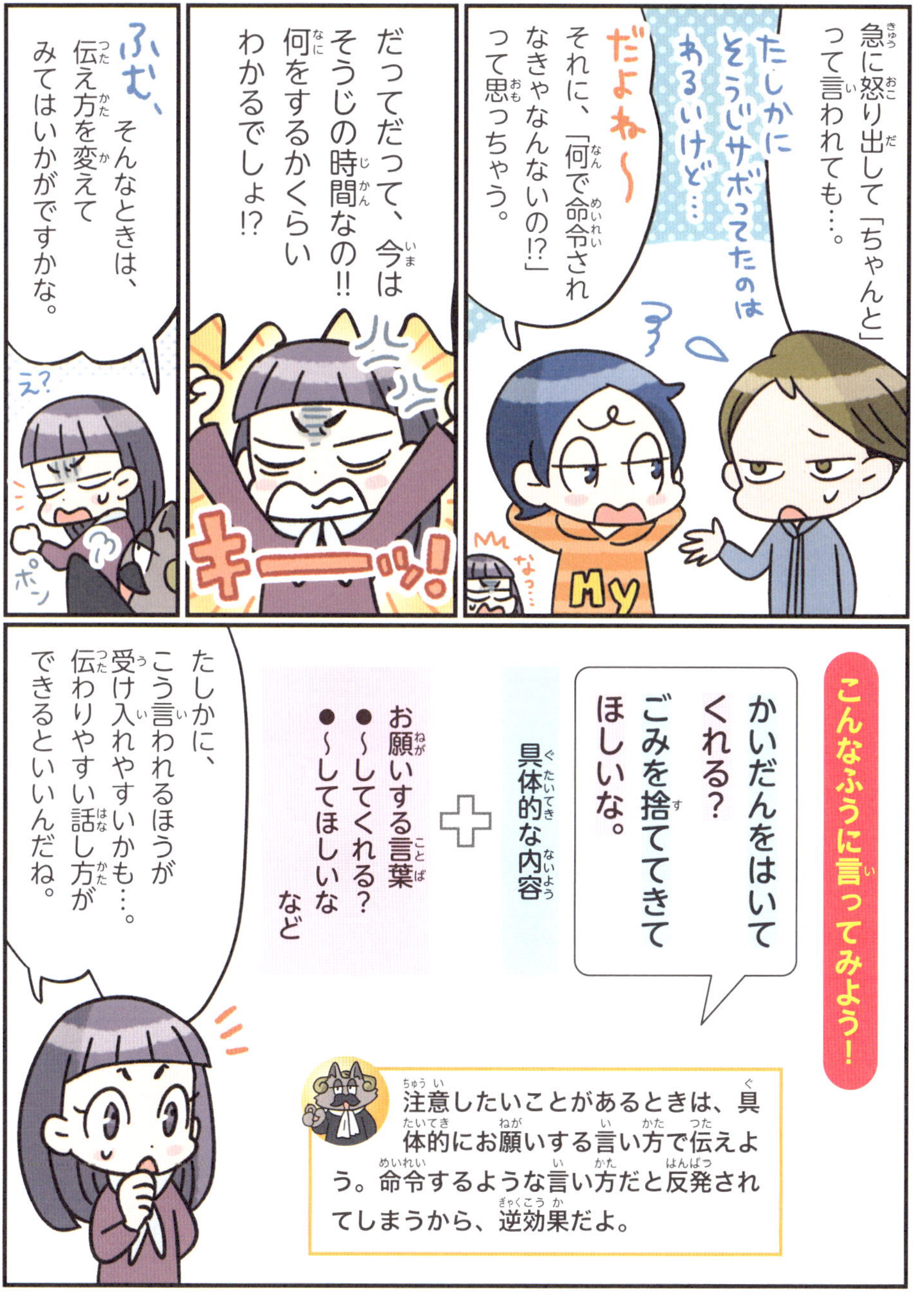

急《きゅう》に怒《おこ》り出《だ》して「ちゃんと」って言《い》われても…。
たしかにそうじサボってたのはわるいけど…
だよね〜
それに、「何《なん》で命令《めいれい》されなきゃなんないの!?」って思《おも》っちゃう。
なっ…
My
だってだって、今《いま》はそうじの時間《じかん》なの!! 何《なに》をするかくらいわかるでしょ!?
キーーーッ!
ふむ、そんなときは、伝《つた》え方《かた》を変《か》えてみてはいかがですかな。
え?
ポン
こんなふうに言《い》ってみよう!
かいだんをはいてくれる? ごみを捨《す》ててきてほしいな。
具体的《ぐたいてき》な内容《ないよう》
お願《ねが》いする言葉《ことば》
●〜してくれる?
●〜してほしいな
など
たしかに、こう言《い》われるほうが受《う》け入《い》れやすいかも…。伝《つた》わりやすい話《はな》し方《かた》ができるといいんだね。
注意《ちゅうい》したいことがあるときは、具《ぐ》体的《たいてき》にお願《ねが》いする言《い》い方《かた》で伝《つた》えよう。命令《めいれい》するような言《い》い方《かた》だと反発《はんぱつ》されてしまうから、逆効果《ぎゃくこうか》だよ。

おなやみ相談室《そうだんしつ》 14

いっぱいほめたら、いやがられちゃいました…

ゆうくんの相談《そうだん》

ねえねえ、
宿題《しゅくだい》って、いつやってる？ レッスンの日《ひ》は、時間《じかん》があんまりないんだよね…。
ぼくは、おふろの前《まえ》にやってるよ。
はい！ わたしは、夕《ゆう》ごはんの前《まえ》にやってる!!
ふむふむ…
わたしは、朝《あさ》早《はや》起《お》きしてやってるよ。
放課後《ほうかご》や夜《よる》は、レッスンの復習《ふくしゅう》や演技《えんぎ》の練習《れんしゅう》を集中《しゅうちゅう》してやりたいから。
おお〜！
さっすが、しいちゃん!!
まじめ!! すごい!! よっ、優等生《ゆうとうせい》!!
あっぱれ！
イヤミ言《い》わないでよ〜。

きみだったら、どんなふうにほめられたい？

ほめ方《かた》がちょっと大《おお》げさすぎない？
うん…
イヤミっぽい…。ほめられすぎて、「ホントかな？」って思《おも》っちゃった…。
え⁉
ガ～ン！
いいところは、いっぱいほめたほうがいいんじゃないの⁉
おしえてチュルル～！
ほめ方《かた》にもコツがあるんですぞ。

こんなふうに言《い》ってみよう！
朝早《あさはや》く起《お》きて宿題《しゅくだい》をしているなんて、すごいなあ。
具体的《ぐたいてき》な内容《ないよう》
＋
ほめる言葉《ことば》
毎日早《まいにちはや》起《お》きしてがんばってるんだね。ほんとすごいと思《おも》う!!
そんなふうに言《い》ってもらえるなんて、うれしいな。
短《みじか》いほめ言葉《ことば》を連発《れんぱつ》すると、からかっているように聞《き》こえてしまうことがあるから気《き》をつけよう。

おなやみ相談室《そうだんしつ》 15

借《か》りたマンガをよごしちゃったこと、なかなか言《い》い出《だ》せないんです…

しいちゃんの相談《そうだん》

ひむくんが貸《か》してくれたマンガ、おもしろーい♪
ム〜
しいちゃん家《ち》のかいネコ
GAG COMIC
ドスン!
わっ!!
GAG
パシャ!
わ〜!!!
ジュースのシミ
?
次《つぎ》の日《ひ》
しいちゃん、この前《まえ》のマンガ、もう読《よ》んだ?
ギク!!
ごごご、ごめん、まだ…。
そっか、あれすっごくおもしろいよ。

借《か》りたものをなくしたり、こわしちゃったりしたことはない？
きみは、そのときどうしたかな？

オレが、いちばん好《す》きなマンガ家《か》さんなんだ。次《つぎ》はいっとんに貸《か》すんだ〜。
そ、そっか〜
じゃあ、早《はや》めに読《よ》むね。
どうしよ〜
よごしちゃったなんて言《い》えない〜。
これは、かなり言《い》いづらいね…。
でも、勇気《ゆうき》を出《だ》して伝《つた》えないと!!

こんなふうに言《い》ってみよう！

用件《ようけん》の前《まえ》に、話《はな》しかけやすくなる言葉《ことば》を使《つか》ってみよう。

言《い》いにくいんだけど、〜〜。

ちょっと聞《き》いてほしいんだけど、〜〜。

ごめん、実《じつ》は〜〜。

こんなときにも使《つか》ってみて！

- 約束《やくそく》をしていたけど、守《まも》れなくなった
- 仲直《なかなお》りしたい
- たのみにくいことをお願《ねが》いする

ひむくん ゴメン!!
実《じつ》は、ジュースをこぼしちゃって…。
うわっ、そうだったのか!!

言《い》い出《だ》しにくいことは、その前《まえ》に一言《ひとこと》つけ足《た》すと言《い》いやすくなるよ。相手《あいて》は「何《なに》かあるな？」と心《こころ》づもりができて、話《はなし》を聞《き》く体勢《たいせい》ができるんだ。

おなやみ相談室《そうだんしつ》 16

親切《しんせつ》で教《おし》えてあげているのに、わかってくれないんです…

まいみょんの相談《そうだん》

オーディションに受《う》からなかったのって、キラリちゃんがいたからかな…。
キラリちゃん
はぁ…
キラリちゃん、かわいいもんね♡
歌《うた》も上手《じょうず》だしな。
…
は〜…
いやいや、みいが落《お》ちたのは、ダンスが下手《へた》だからだよ。
ふつうはもっとできるよねって、みんな言《い》ってるよ!!
くるぅり…
えっ…?
みんな…?
言《い》ってないよ〜
!!
だから練習《れんしゅう》しろって前《まえ》から言《い》ってるじゃん〜
だからダンスの…

きみは、どんなふうにアドバイスされたらうれしいかな？

みいみょんのダンスが下手《へた》なんて、一度《いちど》も思《おも》ったことないよー。
うんうん
オレは、ほかの人《ひと》が言《い》ってるのも、聞《き》いたことないぞ。
ちょっと〜!!
「ふつう」とか「みんな」とか、結局《けっきょく》まいが思《おも》ってるだけでしょ!!
なによ〜!!
キィ〜〜
わたしはみいのために言《い》ってるだけなのに!!

こんなふうに言《い》ってみよう！

私《わたし》は、ダンスの練習時間《れんしゅうじかん》をふやしたほうがいいと思《おも》うよ。

●私《わたし》は〜〜したほうがいいと思《おも》う ＋ 具体的《ぐたいてき》な内容《ないよう》

「みんなは」「ふつうは」などと言《い》われると、考《かんが》えをおしつけられたようでいやな気持《きも》ちになるんだ。「みんな」ではなく、「私《わたし》（自分《じぶん》）」を主語《しゅご》にして、考《かんが》えを伝《つた》えよう。

うんうん
わたし、みいは、ダンスがうまくなったら最強《さいきょう》だと思《おも》うんだ…。
!
ホント？

おなやみ相談室《そうだんしつ》 17

やりたくないって伝《つた》えたかっただけなのに、おしゃべりが終《お》わっちゃいました…

はあちゃんの相談《そうだん》

レッスン前《まえ》
先生《せんせい》が来《く》るまで、遊《あそ》んでようよ!!
賛《さん》成《せい》〜!
じゃあ、演歌歌手《えんかかしゅ》のモノマネは?
ん〜…
やだ!!
あ!
ラップバトルなんてどう?
実《じつ》は前《まえ》からこっそり練習《れんしゅう》してるし。
YO!はあちゃん
イエア!
スゴーい!
キ
え゛〜〜!!!
ぜったい
そういうの、もっとやだーー!!
ムリムリ!!
ガーン!!
そ、そっか…。
会話《かいわ》終了《しゅうりょう》…
ち〜ん…
あ…

「ムリ!!」って話《はなし》をさえぎられたら、どんな気分《きぶん》になるかな？

ゆあくんの言《い》ったこと、ぜーんぶ拒否《きょひ》しちゃってるね…。
あ〜…
こんなふうに「ムリ」だけ言《い》われたら、ぼくは何《なに》も言《い》えなくなっちゃうな…。
えっ、だってどっちもやりたくなかったんだもん…。「いやだ」って言《い》うのは大事《だいじ》（⬇84ページ）だって聞《き》いたし!!
ねっチュルル！
もちろん！
でも、伝《つた》え方《かた》は考《かんが》えないとですな。

こんなふうに言《い》ってみよう！
ラップは苦手《にがて》だから、ダンスがいいな。
●（私《わたし》は）〜〜だから、○○がいいな
＋
別《べつ》の案《あん》を出《だ》す
ラップはむずかしそうだから、ダンスがいいな。
どうかな？
そうしよ〜
気持《きも》ちを伝《つた》えることは大事《だいじ》だけど、断《ことわ》るときは特《とく》に言《い》い方《かた》に気《き》をつけよう。別《べつ》の案《あん》を出《だ》しながら話《はな》すと、受《う》け止《と》められやすいよ。

おなやみ相談室《そうだんしつ》 18

ほめられると、どうしていいかわからなくて、にげたくなっちゃいます…

ゆあくんの相談《そうだん》

レッスン内発表会《ないはっぴょうかい》
スター夢見《ゆめみ》てエブリデイ
ダンスにボイトレ
日々《ひび》レッスン!
くやし涙《なみだ》と負《ま》けないハート
ビシッ!!
オレたちいつか
スーパースター!!
ワ〜〜!!
プルプル…
ゆあくん!!
超《ちょう》かっこよかったよ!! ダンスとラップ、
いや〜
オレなんか、ぜんぜんだよ〜。
もっと練習《れんしゅう》しないと。
何《なに》言《い》ってんの!
サイコーだったよ!! いちばん感動《かんどう》したよ。
ラップもピカイチ!! ダンスも言《い》うことなしだし、それに…。
あれ?
わ〜!!

最近《さいきん》、だれをどんなふうにほめたかな？

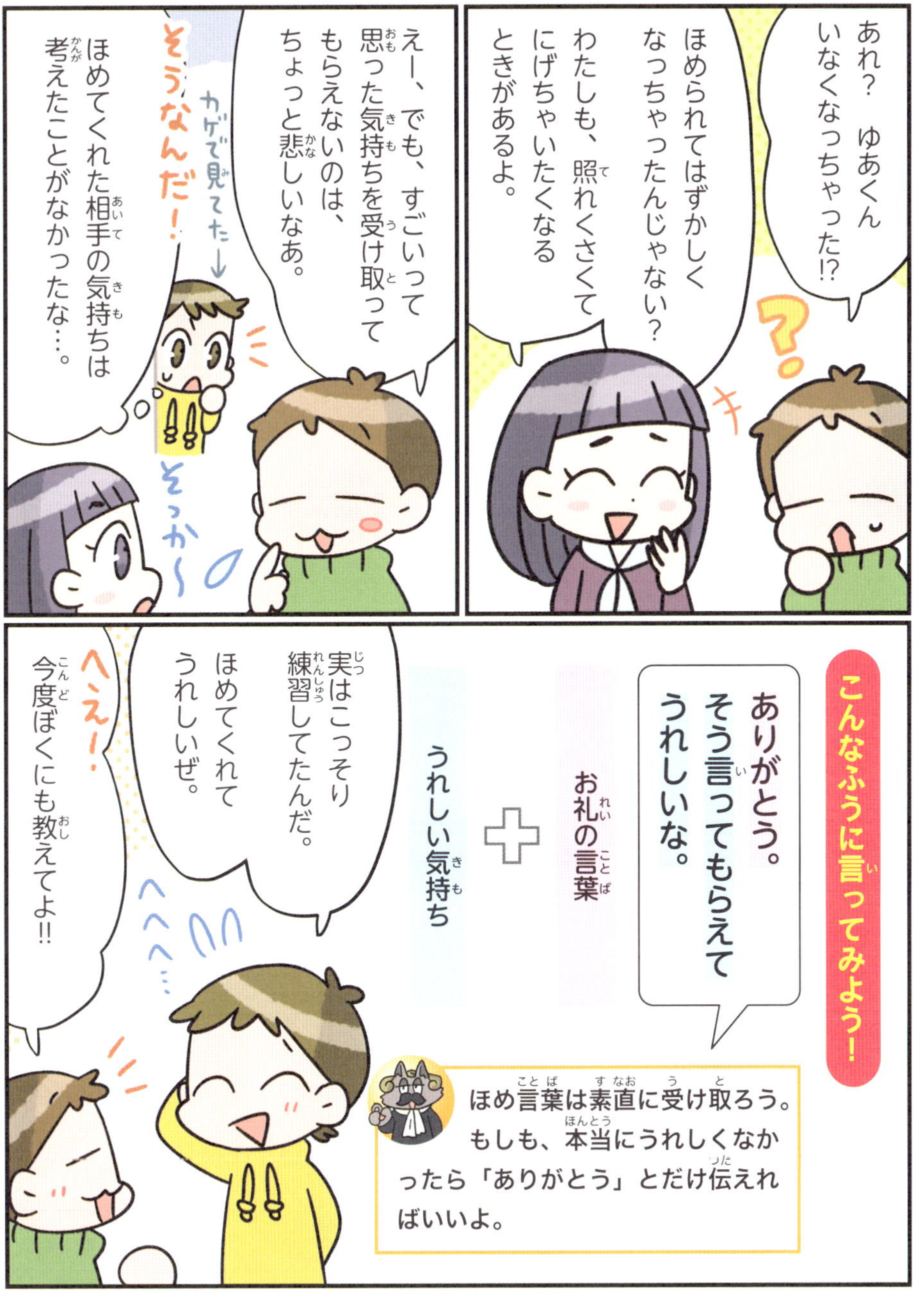
あれ？　ゆあくん
いなくなっちゃった!?
ほめられてはずかしく
なっちゃったんじゃない？
わたしも、照《て》れくさくて
にげちゃいたくなる
ときがあるよ。
えー、でも、すごいって
思《おも》った気持《きも》ちを受《う》け取《と》って
もらえないのは、
ちょっと悲《かな》しいなあ。
カゲで見《み》てた↓
そうなんだ！
ほめてくれた相手《あいて》の気持《きも》ちは
考《かんが》えたことがなかったな…。
そっか〜
こんなふうに言《い》ってみよう！
ありがとう。
そう言《い》ってもらえて
うれしいな。
お礼《れい》の言葉《ことば》
＋
うれしい気持《きも》ち
実《じつ》はこっそり
練習《れんしゅう》してたんだ。
ほめてくれて
うれしいぜ。
へえ！
今度《こんど》ぼくにも教《おし》えてよ!!
へへへ…
ほめ言葉《ことば》は素直《すなお》に受《う》け取《と》ろう。もしも、本当《ほんとう》にうれしくなかったら「ありがとう」とだけ伝《つた》えればいいよ。

おなやみ相談室《そうだんしつ》19

「今日《きょう》どうだった?」の質問《しつもん》に答《こた》えるのがいつもめんどうです…

ゆうくん・ゆあくんの相談《そうだん》

ただいま〜
ネミ〜
ママ
おかえり!
今日《きょう》は、どうだった?
別《べつ》にふつー。
同《おな》じく。
え!?
今日《きょう》はあのヌノーマンとダンスのレッスンしたんでしょ!?
いいわね〜
ママも会《あ》ってみたかったわ〜。
って、ちょっと!!
サ〜ッ
部屋《へや》ににげた
母《かあ》ちゃんがいろいろ聞《き》いてくるの、めんどーだよな。
それな〜
ふむ、
今《いま》のお気持《きも》ちはこんな感《かん》じですかな?
ニュッ
話《はなし》をしたくない理由《りゆう》
・特《とく》におもしろいことがなかった
・説明《せつめい》するのがめんどうくさい
・言《い》いたくないことがある
チュルル!?
どこから!?

きみは、どんなときに「別《べつ》に」「ふつー」って言《い》いたくなる？

うんうん
そんな感《かん》じ〜。
では、お母様《かあさま》が毎回《まいかい》話《はなし》を聞《き》いてくるのはなぜか、おわかりですかな？
え？
さあ？
きみたちの外《そと》での様子《ようす》を知《し》りたいという親心《おやごころ》からなのです。
その気持《きも》ちをわかってほしいのです。ワタクシからもおたのみ申《もう》しますぞ!!

こんなふうに言《い》ってみよう！

「どうだった？」と聞《き》かれたら、何《なに》か一《ひと》つのことを答《こた》えよう。

◯◯がおもしろかったよ。

◯◯がよかったよ。

◯◯をしたよ。

◯◯を見《み》たよ。

おもしろかったこと、したこと、見《み》たことなどを一《ひと》つ答《こた》えてみて。こういうやりとりが、会話《かいわ》を楽《たの》しむ練習《れんしゅう》にもなるよ。

ヌノーマンのバク宙《ちゅう》はすごかったぜ!!
へぇ！ 見《み》てみたい！
うんうん

おなやみ相談室《そうだんしつ》 20

「どっちなの?」ってよく言《い》われるんです…

いっとんの相談《そうだん》

超特快《ちょうとっかい》のレオさんから、おかしを差《さ》し入《い》れしていただきました!!
みんなで食《た》べてね!
超特快《ちょうとっかい》レオ
え〜!?
またまた、レオ様《さま》から!?
キャ〜!!
いっとん、食《た》べるよね? もらってくるね。
レオ様《さま》〜
まい、はしゃいでるな〜
あ、うん? 大丈夫《だいじょうぶ》だよ。
ありがと〜
ちょっと待《ま》っててー。
あれ〜?
はい、いっとんの分《ぶん》!!
えっと…
ぼくは、いらないんだけど…。
さっきゴハン食《た》べたから…
あれ…?
その…
いっとんのあたま

友《とも》だちの返事《へんじ》が、「はい」か「いいえ」かわからなかったことはない？

わたし、おかしがいるんだと思《おも》っちゃったよ？
ご、ごめんよ…
「大丈夫《だいじょうぶ》、いらないよ」って断《ことわ》ったつもりだったんだ…。
え～！
それだと、いるのかいらないのか、わからないよ～。
そう！
どちらの意味《いみ》にも取《と》れてしまう言葉《ことば》は、使《つか》い方《かた》がむずかしいのですぞ。
そうなんだ！
「うん、大丈夫《だいじょうぶ》」
↓はい（いるよ）
↓いいえ（いらないよ）

こんなふうに言《い》ってみよう！

「食《た》べる？」と聞《き》かれたら

はい、食《た》べます。

いいえ、食《た》べないです。

「食《た》べない？」と聞《き》かれたら

はい、食《た》べません。

いいえ、食《た》べます。

●はい
●いいえ
＋
意味《いみ》をおぎなう言葉《ことば》

「大丈夫《だいじょうぶ》」は、あいまいに伝《つた》わってしまうから、質問《しつもん》には「はい」「いいえ」ではっきり答《こた》えよう。

おなやみ相談室《そうだんしつ》 21

「絶対《ぜったい》」って言《い》えば言《い》うほど、スルーされちゃいます…

はあちゃんの相談《そうだん》

「モチモチカート」のキャラの、ベモッチが大好《だいす》きなんだ。ぼよーんってしてて、さわり心地《ごこち》がよさそうなの。
へぇ〜
!
オレは、歌手《かしゅ》の…
はいはーい！
わたしが好《す》きなのは、ゴールドスター!!
スターの動画《どうが》は、超《ちょう》おもしろいから
ぜ〜ったい！
見《み》るべき!!
特《とく》に、この前《まえ》の「おにぎり食《た》べ比《くら》べ」なんて最高《さいこう》だったよ。食《しょく》レポの参考《さんこう》にもなるし、
ぜったい!!
見《み》て!!
超《ちょう》力《りき》説《せつ》
…
そ、そっか〜
じゃあ、わたしはこっちだから…。
そそくさ…
オ、オレもコンビニに…。
あれ？

興味《きょうみ》のないものをおすすめされて、困《こま》ったことはない？

大好《だいす》きなのはわかったけど、あんなにゴリ押《お》ししなくてもなあ…。
実《じつ》は…
わたしはあんまり興味《きょうみ》がもてないんだよね…。
え～
!?
そっか、無理《むり》じいしちゃって、二人《ふたり》を困《こま》らせちゃったんだね…。
フムフム、
「絶対《ぜったい》」という言葉《ことば》が、ちょっと強引《ごういん》だったかもしれないですな。
こんなふうに言《い》ってみよう！
この動画《どうが》、わたしのおすすめなんだ。よかったら見《み》てみてね。
おすすめしたいもの
＋
おすすめする言葉《ことば》
この動画《どうが》、スターのギャグがおもしろかったんだ。よかったら見《み》てみてね。
ゴールド
スター
へぇ！
意外《いがい》とおもしろそう！
きみにとって「絶対《ぜったい》」なことでも、相手《あいて》にとってはちがうということを覚《おぼ》えておこう。「絶対《ぜったい》」「～するべき」などの強引《ごういん》な印象《いんしょう》を与《あた》える言葉《ことば》は使《つか》い方《かた》に気《き》をつけて。

おなやみ相談室《そうだんしつ》22

「そんなことも知《し》らないの?」が口《くち》グセになっているみたいです…

ゆあくんの相談《そうだん》

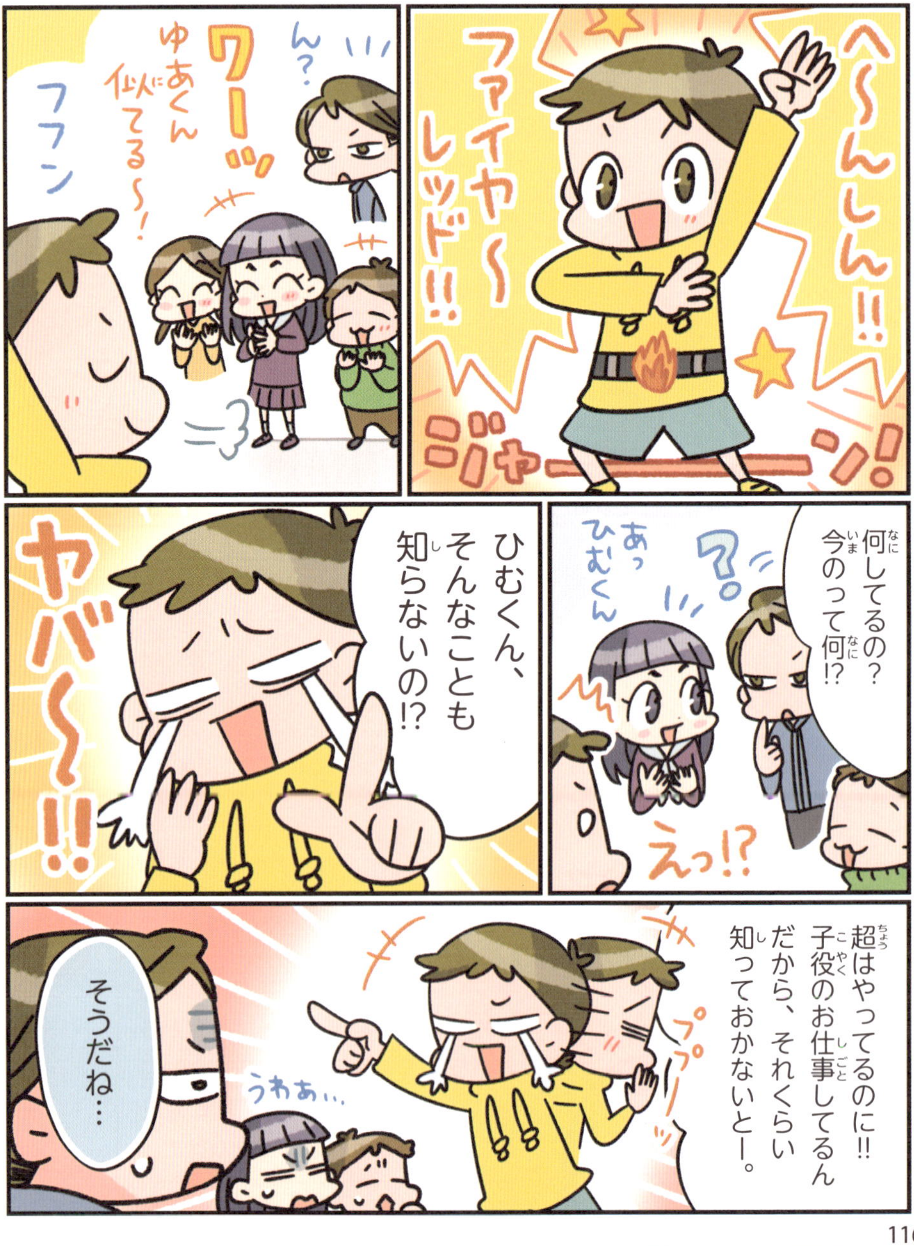

へ〜んしん!!
ファイヤ〜レッド!!
ジャーーン!
ん?
ワーッ
ゆあくん似《に》てる〜!
フフン
何《なに》してるの?
今《いま》のって何《なに》!?
あっひむくん
?
えっ!?
ひむくん、そんなことも知《し》らないの!?
ヤバ〜〜!!
超《ちょう》はやってるのに!!子役《こやく》のお仕事《しごと》してるんだから、それくらい知《し》っておかないとー。
ププーッ
うわあ…
そうだね…

きみは、「そんなことも知《し》らないの？」って言《い》っていない？

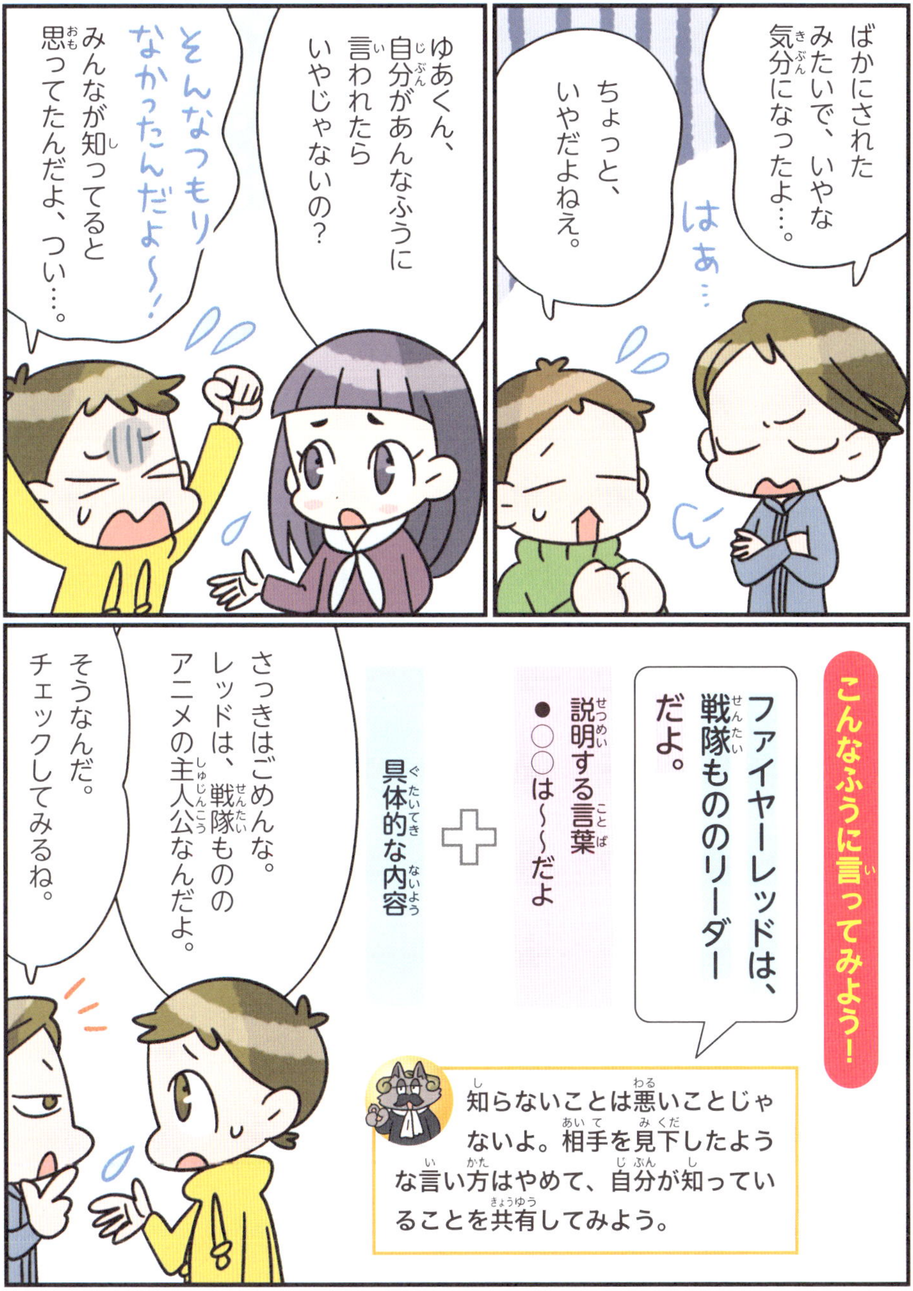
ばかにされたみたいで、いやな気分《きぶん》になったよ…。
はあ…
ちょっと、いやだよねえ。
ゆあくん、自分《じぶん》があんなふうに言《い》われたらいやじゃないの？
そんなつもりなかったんだよ〜！
みんなが知《し》ってると思《おも》ってたんだよ、つい…。
こんなふうに言《い》ってみよう！
ファイヤーレッドは、戦隊《せんたい》もののリーダーだよ。
説明《せつめい》する言葉《ことば》
●○○は〜〜だよ
＋
具体的《ぐたいてき》な内容《ないよう》
さっきはごめんな。レッドは、戦隊《せんたい》もののアニメの主人公《しゅじんこう》なんだよ。
そうなんだ。チェックしてみるね。
知《し》らないことは悪《わる》いことじゃないよ。相手《あいて》を見下《みくだ》したような言《い》い方《かた》はやめて、自分《じぶん》が知《し》っていることを共有《きょうゆう》してみよう。

おなやみ相談室《そうだんしつ》 23

会話《かいわ》のとちゅうで、シーンとなるのが気《き》まずいです…

しいちゃんの相談《そうだん》

学校《がっこう》での席《せき》がえ
ドキドキ
あんまり話《はな》したことがない子《こ》だ。きんちょうするな…。
しいちゃん、昨日《きのう》は何《なに》をしてたの？
え・
ボ、ボイトレ。
へ〜!
かっこいいね。
そう？
し〜ん
え〜と…
はあ〜〜〜
ってことがあってね。チュルル、会話《かいわ》が途切《とぎ》れない方法《ほうほう》はないかな？
ふむふむ
ズバリ!!
あります!! 返事《へんじ》の仕方《しかた》を変《か》えれば即解決《そくかいけつ》ですぞ。
おしえて〜!

きみは、会話中《かいわちゅう》に無言《むごん》になって困《こま》ったことはない？

まず、
返事《へんじ》が一言《ひとこと》だけだと、相手《あいて》はそっけないなと感《かん》じてしまうのです。
そうなの!?
ですから
返事《へんじ》の後《あと》に、質問《しつもん》をするのです。
このような言葉《ことば》を使《つか》って開《ひら》いた質問《しつもん》をすると、会話《かいわ》のキャッチボールが続《つづ》きますぞ。
○開《ひら》いた質問《しつもん》…「どんな・なぜ・何《なに》を・いつ・どこで」などに答《こた》えるもの。
×閉《と》じた質問《しつもん》…「はい・いいえ」で答《こた》えるもの。
どんな・なぜ・何《なに》を・いつ・どこで
へ〜

こんなふうに言《い》ってみよう！

「ボイトレをしてたよ。○○ちゃんは何《なに》をしてたの？」

「ボイトレをしてたよ。今度《こんど》発表会《はっぴょうかい》があるんだ。」

質問《しつもん》の返事《へんじ》 ＋ 質問《しつもん》をする

質問《しつもん》の返事《へんじ》 ＋ 返事《へんじ》に一言《ひとこと》つけ加《くわ》える

話題《わだい》に困《こま》ったら…

- 周《まわ》りに見《み》えるもののこと
- 好《す》きなもののこと
- 相手《あいて》がいやがらないこと
- 最近楽《さいきんたの》しかったこと

などについて話《はな》してみよう。

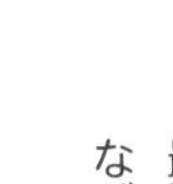

一言《ひとこと》つけ足《た》して、会話《かいわ》のボールをしっかり投《な》げ返《かえ》そう。

おなやみ相談室《そうだんしつ》24

ぼくの「ちょっと」と、みんなの「ちょっと」がちがうみたいです…

いっとんの相談《そうだん》

いっとんとは、駅《えき》で待《ま》ち合《あ》わせだったよな？
予定表《よていひょう》
10時《じ》 待《ま》ち合《あ》わせ
11時《じ》 レッスン
ん？
ひむくん、ごめん!! 待《ま》ち合《あ》わせにちょっとおくれそう〜。
わかったよ。後《あと》でね。
ちょっとか…、5分《ふん》くらいかな。
待《ま》ち合《あ》わせ時間《じかん》から15分《ふん》が経過《けいか》…
イライライライラ
ひむくんのあたま
10時《じ》15分《ふん》
ひむくんごめ〜ん
お待《ま》たせー。
ちょっと!!
おせーよ、15分《ふん》も待《ま》ったぞ!!
え？
「ちょっとおくれる」って言《い》ったよね？
レッスンにもぜんぜん間《ま》に合《あ》うし…
そういう問題《もんだい》じゃないだろっ!!

あいまいな言《い》い方《かた》で、相手《あいて》を困《こま》らせちゃったことはないかな？

やっぱり、ちょっとでもちこくはだめだよね…。
いや、
それもそうだけど、オレは、「ちょっと」って言《い》うから5分《ふん》くらいだと思《おも》ったんだよ。
わたしのちょっとは、カップめんの3分《ぷん》くらい!!
え〜!!
そんなに短《みじか》いの!?
ぼく、15分《ふん》くらいのつもりだったんだ…。
時間《じかん》の感覚《かんかく》って、人《ひと》それぞれなんだね。

今日《きょう》のおわびに、おやつちょっとあげる!!
ちょっと!?
どさっ!
おやつBOX

こんなふうに言《い》ってみよう！

●どれくらいか（時間《じかん》や分量《ぶんりょう》など）

15分《ふん》くらいおくれます。

●どんなことか（内容《ないよう》）

お皿《さら》をあらうのを手伝《てつだ》ってくれる？

どのくらいが「ちょっと」かは、人《ひと》それぞれにちがうよ。数字《すうじ》で表《あらわ》せる場合《ばあい》は数字《すうじ》で言《い》うなど、具体的《ぐたいてき》に説明《せつめい》すると誤解《ごかい》されにくくなるよ。

おなやみ相談室《そうだんしつ》25

思《おも》ったことを言《い》ったら、相手《あいて》が落《お》ちこんじゃいました…

まいみょんの相談《そうだん》

旅行《りょこう》のお土産《みやげ》を買《か》っていこう♪
おみやげ売場《うりば》
みいみょんはかわいいもの、まいみょんは何《なに》か変《へん》なものが好《す》きだったよね…。
たしか…
2人《ふたり》のスキなモノ
みいみょん
まいみょん
う〜ん
これに決《き》めた!!
まいみょん用《よう》
伊勢《いせ》エビヘアピン
みいみょん用《よう》
お花《はな》ヘアピン
ジャ〜ン!
ちょっと何《なに》コレ!!
だっさーい!!
ヘンなの!!
ださい!?
ヘン!?
一生《いっしょう》けん命《めい》選《えら》んだのにひどいよ…。
しゅん…
あれ!?
そんなつもりじゃなかったよ。

もし、好《す》きじゃないものをもらったらきみはどうする？

こんなふうに言《い》ってみよう！

ありがとう。うれしいな!! 伊勢《いせ》エビのヘアアクセは、初《はじ》めて見《み》たよ。

お礼《れい》の言葉《ことば》 ＋ 自分《じぶん》の気持《きも》ち ＋ もらった物《もの》についての感想《かんそう》

「変《へん》なの！」だと、相手《あいて》に「いやだ、好《す》きじゃないよ」という意味《いみ》で受《う》け取《と》られてしまう可能性《かのうせい》があるよ。お礼《れい》の気持《きも》ちは、気《き》に入《い》ったことがはっきり伝《つた》わる言《い》い方《かた》で伝《つた》えよう。

好《この》みじゃないものをもらったときは、本当《ほんとう》のことを言《い》っていいの？

正直《しょうじき》に言《い》ったら、きっと友《とも》だちはがっかりするだろうね。そんな場《ば》合《あい》は、おみやげを買《か》ってきてくれたことへのお礼《れい》を伝《つた》えるといいんじゃないかな。自分《じぶん》の気持《きも》ちにうそをついて「気《き》に入《い》ったよ！」と言《い》う必要《ひつよう》はないよ。

おたがいの気《き》持《も》ちを大事《だいじ》に！

なるほど〜

これ最高《さいこう》!! 本当《ほんとう》にうれしい、ありがとね♡
よかった〜！

おなやみ相談室《そうだんしつ》 26

落《お》ちこんでいる友《とも》だちをはげましたのに、逆《ぎゃく》ギレされました…

ゆうくんの相談《そうだん》

あれっ!?
どうしたの!?
ズーン
オーディションがうまくいかなかったんだ…。
しおしお…
ぼくは いいいい いっとん、です!!
ギク…
シャク…
うーん
失礼《しつれい》しまし…あっ
ガン!
あ…
きんちょうしすぎて、失敗《しっぱい》ばっかり…最悪《さいあく》だったよ。
はあ…
ふ〜ん
でもさ〜
そんなこと気《き》にして、くよくよしててもしょうがないぜ?
次《つぎ》だ次《つぎ》!
ひど〜い!
「そんなこと」なんて軽《かる》く言《い》わないでよ!!
ドカ〜ン!
え!?

落《お》ちこんでいるとき、どんな言葉《ことば》をかけられたらうれしいかな？

ぼくにとっては大問題《だいもんだい》なのに、「気《き》にしすぎ」みたいに言《い》われたら、よけいに落《お》ちこんじゃうよ…。
うん、ちょっともやもやするかもな。
え〜!?
失敗《しっぱい》はさっさと忘《わす》れたほうがいいでしょ!? アドバイスしたつもりだったのに〜。
ふむ、
相手《あいて》には、そうは伝《つた》わらなかったようですな…。
こんなふうに言《い》ってみよう！
そっか、そういうことがあったんだね。次《つぎ》はきっと大丈夫《だいじょうぶ》。がんばろうよ。
受《う》け止《と》める言葉《ことば》
●そうなんだね
●○○なんだね
前向《まえむ》きな言葉《ことば》
●がんばろう
●気持《きも》ち切《き》りかえよう
など
今回《こんかい》はきんちょうしちゃっただけだよ。次《つぎ》に向《む》けていっしょに練習《れんしゅう》しようぜ!!
ありがとう！
なやみは人《ひと》それぞれだから、「そんなこと」や「たいしたことない」などと決《き》めつけるのはよくないよ。まずは、相手《あいて》の気持《きも》ちを受《う》け止《と》めて話《はなし》を聞《き》こう。

おなやみ相談室《そうだんしつ》 27

クラスの人気者《にんきもの》になりたいんです！

ひむくんの相談《そうだん》

一発芸《いっぱつげい》、やります!! ひむの「む」
む
ビシ!
し〜〜ん
…
ペラッ…
一発芸《いっぱつげい》、マッスルムーブメント!!
ニカッ!
ワーッ
それ、ただの筋肉《きんにく》じゃん…
中山《なかやま》くんはいつも人気《にんき》だなあ。それに比《くら》べてオレは…。
ず〜ん…
クラスの人気者《にんきもの》にもなれないのに、子役《こやく》としてやっていけるのか…。
はっ…
チュルル〜!!
人気者《にんきもの》になりたいよう〜。
うむ!
助《たり》けてしんぜよう!

きみは、最近《さいきん》だれかを笑《わら》わせたかな？　それはどうやって？

周《まわ》りを笑顔《えがお》にできる人《ひと》には、
自然《しぜん》と友《とも》だちが集《あつ》まってくるよ。

こんなふうにしてみよう！

おしゃべりをたくさんする

コミュニケーションの中《なか》で、相手《あいて》がいまどう思《おも》っているか、気持《きも》ちがわかるようになる！

一発芸《いっぱつげい》を身《み》につける

変顔《へんがお》・ギャグ・手品《てじな》・お笑《わら》いのネタなど、もしすべってもあきらめない！　堂々《どうどう》と思《おも》いっきり、何度《なんど》でもやる勇気《ゆうき》をもってやってみよう！

ちょっとおもしろいかも…
プルプル…
一発芸《いっぱつげい》!!
ひむの「ひ」!!

こんな人《ひと》はモテますぞ!!
モ、モテ!?

思《おも》いやりをもつ

困《こま》っている人《ひと》がいたら手助《てだす》けしよう。おもしろいことが言《い》えても、やさしくない人《ひと》は人気者《にんきもの》にはなれないからね。

どんなことも、楽《たの》しんでやってみる

おもしろくなさそうだなと思《おも》っても、一度《いちど》はためしにやってみよう。いろんな経験《けいけん》がきみをおもしろい人《ひと》にするよ！

英会話《えいかいわ》
料理《りょうり》
レシピ
などなど！

おなやみ相談室《そうだんしつ》 28

「何《なん》時《じ》何《なん》分《ぷん》何《なん》秒《びょう》のこと!?」って言《い》われても困《こま》っちゃいます…

みいみょんの相談《そうだん》

みい、ジュース買《か》ってきたよ。
ありがとう。
はい、オレンジ!!
え?
ピーチって言《い》ったんだけど?
ピーチなんて聞《き》いてないんですけど!! 何《なん》時《じ》何《なん》分《ぷん》何《なん》秒《びょう》に言《い》ったの!? 地球《ちきゅう》が何回《なんかい》まわったとき!?
はあああ!?
そっちの聞《き》きまちがいでしょ!! 時間《じかん》なんてわかるわけないでしょ、バカなの!?
も〜 仲直《なかなお》りしなよ…
こ…こわい…
またやってる…
ガルルルル…

きみは、「言《い》った」「言《い》わない」のけんかをしていない？

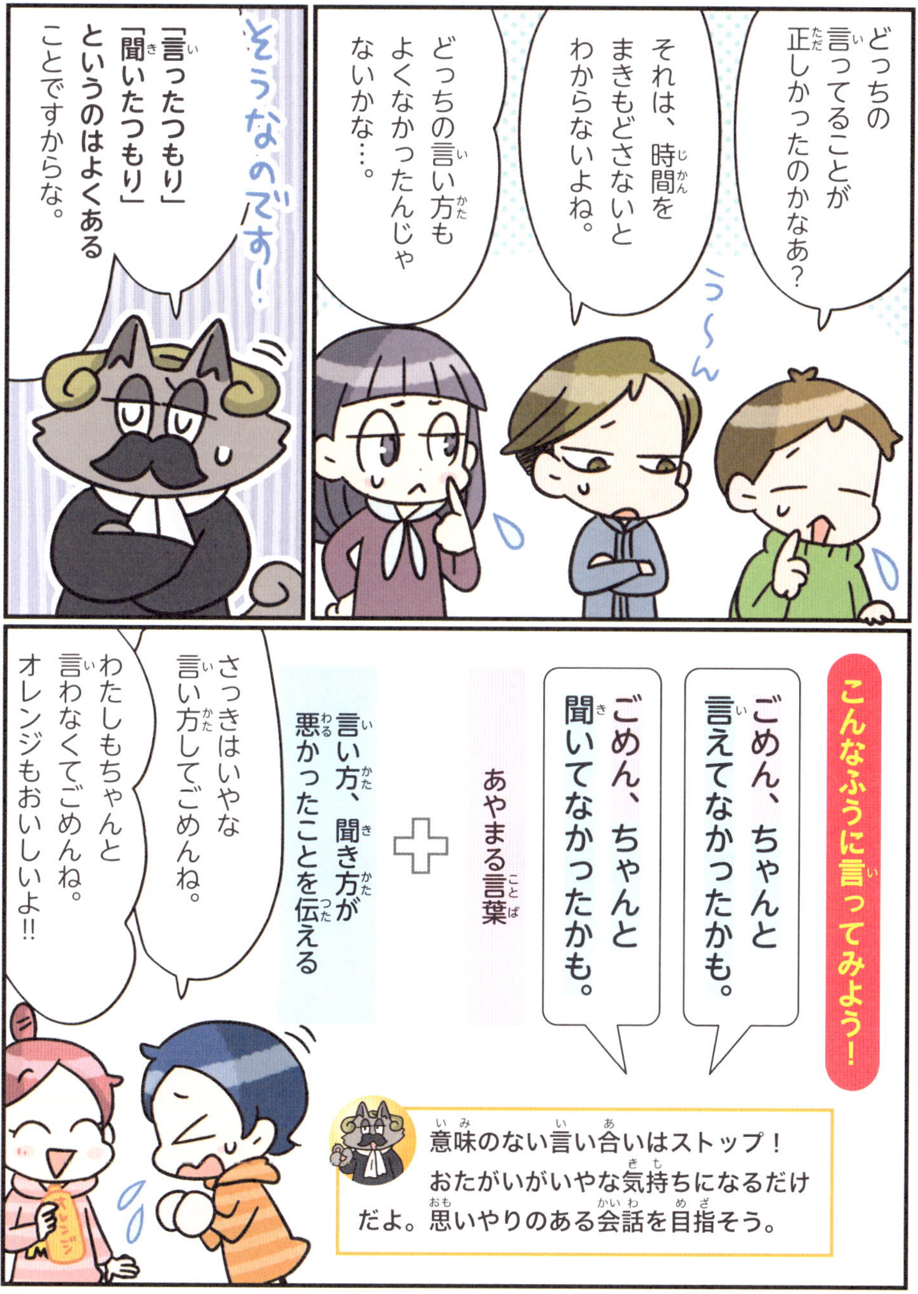
どっちの言《い》ってることが正《ただ》しかったのかなあ？
それは、時間《じかん》をまきもどさないとわからないよね。
どっちの言《い》い方《かた》もよくなかったんじゃないかな…。
う〜ん
そうなのです！
「言《い》ったつもり」「聞《き》いたつもり」というのはよくあることですからな。
こんなふうに言《い》ってみよう！
ごめん、ちゃんと言《い》えてなかったかも。
ごめん、ちゃんと聞《き》いてなかったかも。
あやまる言葉《ことば》
＋
言《い》い方《かた》、聞《き》き方《かた》が悪《わる》かったことを伝《つた》える
さっきはいやな言《い》い方《かた》してごめんね。
わたしもちゃんと言《い》わなくてごめんね。オレンジもおいしいよ!!
意味《いみ》のない言《い》い合《あ》いはストップ！ おたがいがいやな気持《きも》ちになるだけだよ。思《おも》いやりのある会話《かいわ》を目指《めざ》そう。

おなやみ相談室《そうだんしつ》29

「だから何《なに》？」って言《い》ってもよくないですか？

ひむくんの相談《そうだん》

ひむく～ん！大《だい》ニュース～!!
タタタ…
ん？
ひむくんが前《まえ》に受《う》けたオーディション、オレびっくりしたよ～。あの戦隊《せんたい》もののやつ!!
コーフン！
え!?
あ、2週間前《しゅうかんまえ》だったよね？先生《せんせい》がね、「やったね」だって!!
（訳《やく》：先生《せんせい》に「ひむくんがオーディションに受《う》かった」と伝《つた》えてと言《い》われたよ。）
←話《はなし》が伝《つた》わったと思《おも》ってる
ニコニコ
…？
伝《つた》わっていない→
（ゆうくんの話《はなし》がわかりづらかった）
はあ…？だから何《なに》？
え!?
それ何《なん》の話《はなし》？
えっ、ひむくん、うれしくないの!?
話《はなし》が平行線《へいこうせん》…
だから何《なに》が？
え～!?

きみは、「だから何《なに》？」って言《い》っちゃったことはない？

「だから何《なに》？」って言《い》われると、きげんが悪《わる》いのかなって思《おも》っちゃうなあ。
ゆうくんがこうふんしすぎてて、何《なに》を言《い》ってるのかわかりづらいっていうのもあるけどね…。
ちょっと冷《つめ》たい感《かん》じになっちゃってるかも…。
そうなの!?
そんなふうに聞《き》こえちゃってるんだ…。話《はなし》がわからなくて困《こま》ってただけなのに。

えー!!
オレのオーディションの話《はなし》だったの!? うわっ、やったあ!!
よかったな!

こんなふうに言《い》ってみよう!

ごめん、話《はなし》がよくわからなかったよ。もう一回《いっかい》、教《おし》えてくれる？

わからなかったことを伝《つた》える言葉《ことば》 ＋ お願《ねが》いする言《い》い方《かた》
●～してくれる？

わからないことは正直《しょうじき》に伝えてOK《オーケー》。だけど「だから何《なに》？」と一言《ひとこと》で聞《き》き返《かえ》すと、ぶっきらぼうな冷《つめ》たい感《かん》じになってしまうから気《き》をつけてね。

おなやみ相談室《そうだんしつ》 30

好《す》きな人《ひと》にふられちゃった。もう消《き》えちゃいたいです…

はあちゃんの相談《そうだん》

ずっと片思《かたおも》いしていた中山筋太《なかやまきんた》くん、勇気《ゆうき》を出《だ》して告白《こくはく》するんだ!!
♪〜
あの!!
前《まえ》から好《す》きでした。
つきあってください!!
キャ〜!!
あの…
そもそもだけど…きみだれ?
話《はな》すのもはじめてだよね…?
キャ〜〜〜!!!
ゴメンなさい〜!!
…?…
チュルル〜!!
ふられちゃったよう〜〜。
よしよし
まずは、なみだをおふきなさい。「告白《こくはく》」には、大切《たいせつ》な道《みち》のりがあるのですぞ。

きみは、だれかに告白《こくはく》したいと思《おも》ったことはある？

こんなふうにしてみよう！

告白《こくはく》するまでの時間《じかん》が大事《だいじ》！

①あいさつからスタートして、自分《じぶん》の存在《そんざい》をアピールする。

②タイミングを合《あ》わせて、自分《じぶん》から話《はな》しかけてみる。話題《わだい》は相手《あいて》が興味《きょうみ》をもちそうなことがいいよ。

どんなことが好《す》き？

○○っておもしろいよね。

わたしも、昨日《きのう》○○見《み》たよ。

告白《こくはく》までの道《みち》のり！

③「いっしょに帰《かえ》らない？」などとさそってみる。

こんにちは！
いっしょに帰《かえ》らない？
いいよ！

少《すこ》しずつきょりがちぢまって、仲良《なかよ》くなれたと思《おも》ったころが告白《こくはく》のチャンスですぞ。

告白《こくはく》するなら

- 電話《でんわ》
- 手紙《てがみ》
- 会《あ》って言《い》う

直接《ちょくせつ》会《あ》うなら、1対《たい》1で！

友《とも》だちに代《か》わりに伝《つた》えてもらうのはあまりよくないよ。自分《じぶん》の言葉《ことば》じゃないと気《き》持《も》ちが伝《つた》わらないからね。

ちなみに

この方法《ほうほう》は、友《とも》だちになりたいときにも使《つか》えますぞ!!

次《つぎ》はがんばろ！

コラム3

気持《きも》ちを表《あらわ》す言葉《ことば》クイズ

慣用句《かんようく》や四字熟語《よじじゅくご》など、ちょっとむずかしい言葉《ことば》を集《あつ》めたよ。意味《いみ》を正《ただ》しく覚《おぼ》えて使《つか》ってみよう！

Q1 「ラッキーな気持《きも》ち」を表《あらわ》す言葉《ことば》はどれ？

ア　馬《うま》が合《あ》う　　イ　鼻《はな》が高《たか》い　　ウ　有頂天《うちょうてん》になる

Q2 「□から火《ひ》が出《で》る」は、はずかしい気持《きも》ちを表《あらわ》す言葉《ことば》。□に入《はい》るのはどれ？

ア　しり　　イ　顔《かお》　　ウ　耳《みみ》

Q3 「心《こころ》のもち方次第《かたしだい》で苦難《くなん》も乗《の》りこえられる」という意味《いみ》を表《あらわ》す言葉《ことば》はどれ？

ア　神出鬼没《しんしゅつきぼつ》　　イ　快刀乱麻《かいとうらんま》　　ウ　心頭滅却《しんとうめっきゃく》

Q4 「怒髪天《どはつてん》をつく」は、どんなときの気持《きも》ちを表《あらわ》す言葉《ことば》？

ア　いかりくるっているとき

イ　悲《かな》しみにしずんでいるとき

ウ　こわくて仕方《しかた》がないとき

Q5 「うらみ□に入《い》る」は、だれかをはげしくにくむ気持《きも》ちを表《あらわ》す言葉《ことば》。□に入《はい》るのはどれ？

ア　血管《けっかん》　　イ　脳《のう》みそ　　ウ　骨《こつ》ずい

答《こた》え　①ウ　②イ　③ウ　④ア　⑤ウ

他《ほか》の言葉《ことば》の意味《いみ》：馬《うま》が合《あ》う（気《き》が合《あ》うこと）・鼻《はな》が高《たか》い（ほこらしいこと）・神出《しんしゅつ》鬼没《きぼつ》（自由自在《じゆうじざい》に現《あらわ》れたり消《き》えたりして居場所《いばしょ》がつかめないこと）・快刀乱麻《かいとうらんま》（こじれた問題《もんだい》などを見事《みごと》に解決《かいけつ》すること）

あのプードル、
オレはこわいけど
かしこそうだよね
わかる〜

PART 4

上手《じょうず》に伝《つた》える 工夫《くふう》をしよう

明日《あした》は電車《でんしゃ》で行《い》きたいな。バスはおくれるから集合時間《しゅうごうじかん》に間《ま》に合《あ》わないかも。
わかった!

話《はな》す順番《じゅんばん》を考《かんが》えよう

いっとん聞《き》いて！
昨日《きのう》ね、家族《かぞく》でおばあちゃんの家《いえ》に行《い》ったんだ〜。
まいとみいの
おばあちゃん
へえ、いいねえ。
行《い》く前《まえ》に、ママがホットケーキを焼《や》いてくれてね、
まいといっしょに食《た》べていたんだけど…。
うんうん。
そしたら、手《て》が引《ひ》っかかってシロップをこぼしちゃってね、
そのときの服《ふく》、お気《き》に入《い》りの白《しろ》のレースのやつだったから、あわてちゃって…
へ〜
おばあちゃんちの話《はなし》は…?
仕方《しかた》なく青《あお》い服《ふく》に着《き》がえたら、まいの青《あお》い服《ふく》とかぶっちゃって!!
って聞《き》いてる!?
ブクブク…
…?
みぃみょん!
話《はなし》が長《なが》すぎて、何《なん》の話《はなし》かがわかりませんぞ!!

テーマや要点《ようてん》を伝《つた》えよう

伝《つた》えたいことがたくさんある、くわしく話《はな》そうとして出来事《できごと》の最初《さいしょ》から最後《さいご》まで全部《ぜんぶ》話《はな》そうとしてしまう、そんなきみにはテーマや要点《ようてん》から話《はな》すことをおすすめするよ。

上手《じょうず》ポイント❶ 最初《さいしょ》にテーマを伝《つた》える

話《はな》しかけるときや何《なに》かを説明《せつめい》するときは、最初《さいしょ》に「○○について話《はな》すよ」ということを伝《つた》えよう。その一言《ひとこと》で、相手《あいて》はきみがどんな話《はなし》をするのかがわかるから、心《こころ》づもりができて聞《き》きやすくなるんだ。

家《いえ》の人《ひと》や友《とも》だちに話《はな》しかけるとき

なに〜？
相談《そうだん》したいことがあるんだ。

ないしょの話《はなし》だよ。
わかった！

説明《せつめい》や発表《はっぴょう》をするとき

ホホホ…
ねこのおやつの作《つく》り方《かた》を説明《せつめい》します。
ね、ねこ!?

夕立《ゆうだち》について
「7月《がつ》に夕立《ゆうだち》が発生《はっせい》する確率《かくりつ》」についての研究結果《けんきゅうけっか》を発表《はっぴょう》します。
夕立《ゆうだち》
ファイル

上手《じょうず》ポイント② 話《はなし》の要点《ようてん》をズバリと言《い》う

テーマを伝《つた》えたら、次《つぎ》は要点《ようてん》（話《はなし》の中心《ちゅうしん》となるところや大事《だいじ》なところ）を話《はな》すよ。要点《ようてん》を伝《つた》える前《まえ》に話《はなし》が脱線《だっせん》してしまうと、何《なん》の話《はなし》かわからなくなってしまうから気《き》をつけよう。

今月《こんげつ》のクラス目標《もくひょう》を達成《たっせい》しました！忘《わす》れ物《もの》ゼロ！
今月《こんげつ》の目標《もくひょう》→
忘《わす》れ物《もの》ゼロ
おぉ～！

おばあちゃんがくれた新《あたら》しい服《ふく》が、なんとよごしちゃった白《しろ》い服《ふく》にそっくりだったの！
プレゼント！
Me
へえ！

この本《ほん》は、とってもおもしろかったからおすすめだよ。主人公《しゅじんこう》がねこと話《はな》せるようになって…
私《わたし》とネコ
おもしろそう！

でも、物語《ものがたり》などはネタバレしないように気《き》をつけるのですぞ！

テーマや要点《ようてん》を伝《つた》えてから細《こま》かい説明《せつめい》をしよう

上手《じょうず》ポイント③　一《ひと》つの文《ぶん》を短《みじか》くする

話《はなし》の内容《ないよう》に合《あ》わせて、必要《ひつよう》なことを考《かんが》えて伝《つた》えてね。一《ひと》つの文《ぶん》につめこみすぎると、長《なが》くなって何《なに》が大事《だいじ》なことなのかがわかりにくくなってしまうよ。

「だれが・何《なに》が」
「どうする・どうした」
「何《なに》を」　「いつ」　「どこで」
「どんな」　「どのように」

どう言《い》うと
何《な》を《に》
伝《つた》わるかな?
いつ
どこで

上手《じょうず》ポイント④　伝《つた》えたいことに優先順位《ゆうせんじゅんい》をつける

伝《つた》えたいことがたくさんあるときは、内容《ないよう》を整理《せいり》して優先順位《ゆうせんじゅんい》をつけてみよう。相手《あいて》の印象《いんしょう》に残《のこ》りやすくなるから、いちばん伝《つた》えたいことにしぼって話《はな》すのもおすすめだよ。

おもしろかったところが二《ふた》つあるよ。いちばんは、〜〜。次《つぎ》は〜〜だよ。
Me

上手《じょうず》ポイント⑤　順序《じゅんじょ》を表《あらわ》す言葉《ことば》を使《つか》う

ものの作《つく》り方《かた》や道《みち》を教《おし》えるときなど、何《なに》かを説明《せつめい》するときは、順《じゅん》を追《お》って説明《せつめい》することが大事《だいじ》だね。流《なが》れに合《あ》わせて順序《じゅんじょ》を表《あらわ》す言葉《ことば》を使《つか》うと、より伝《つた》わりやすくなるよ。

最初《さいしょ》に
次《つぎ》に
そして
まず
さらに
最後《さいご》に

事実《じじつ》と意見《いけん》を区別《くべつ》して話《はな》そう

劇団《げきだん》の近《ちか》くに、青《あお》い屋根《やね》の家《いえ》があるでしょ…。
ずーん…
あそこにはおそろしい番犬《ばんけん》がいるんだよ…。
そんなにこわい犬《いぬ》なの？
いっしゅん見《み》たけど、かなり大《おお》きかったよ…。
近《ちか》寄《よ》らない方《ほう》がいいよ…
えっ～、気《き》になるから帰《かえ》りに見《み》に行《い》ってみる!!
えぇぇ～!!
ココだ～!
ドキドキ
ワフッ!
かわい～!!
デカい!こわい!
うやあぁ
出《で》たーーー!!こわいよ～。

事実《じじつ》と意見《いけん》って何《なん》だろう？

きみは、事実《じじつ》と意見《いけん》の区別《くべつ》ができているかな。下《した》の写真《しゃしん》を見《み》て考《かんが》えてみよう。事実《じじつ》は見《み》たり聞《き》いたりしてわかるものごと、意見《いけん》は見《み》たり聞《き》いたりしたことに対《たい》して、それぞれの人《ひと》が考《かんが》えることだよ。

事実《じじつ》

実際《じっさい》に起《お》きている事《こと》がらやできごと。

意見《いけん》

個人《こじん》の考《かんが》えや主張《しゅちょう》、推測《すいそく》（こうだろうと考《かんが》えること）など。

犬《いぬ》

毛《け》が白《しろ》い

プードル

オス

11月《がつ》29日《にち》生《う》まれの3才《さい》

首輪《くびわ》をしている

耳《みみ》がたれている

体重《たいじゅう》は5キログラム

人《ひと》なつっこい

かわいい

かしこそう

おとなしい犬《いぬ》だね

子犬《こいぬ》っぽい

こわい犬《いぬ》

よくほえるなあ

かみつかれそう

10才《さい》ぐらいかな？

本当《ほんとう》に5キロ？

事実《じじつ》と意見《いけん》を区別《くべつ》するワーク

下《した》の写真《しゃしん》を見《み》て、事実《じじつ》と意見《いけん》のどちらに当《あ》てはまるかを考《かんが》えよう。事実《じじつ》には「じ」、意見《いけん》には「い」を□に書《か》こう。

1 これはロマネスコという野菜《やさい》 □

2 おもしろい形《かたち》だね □

3 とってもおいしい □

4 初《はじ》めて見《み》たなあ □

5 先《さき》がとがっていて、でこぼこした形《かたち》 □

6 アブラナ科《か》でカリフラワーの仲間《なかま》 □

7 食《た》べたことないぞ □

8 ふきのとうみたいだなあ □

インターネットなどで、調《しら》べてみてもいいですぞ。

事実《じじつ》と意見《いけん》を分《わ》けて話《はな》そう

事実《じじつ》と意見《いけん》をごちゃまぜにして話《はな》すと、すべてが事実《じじつ》のように伝《つた》わってしまうから気《き》をつけよう。

OK《オーケー》！

昨日《きのう》、駅前《えきまえ》のパンやさんに行《い》ったよ。ぼくはあまりおいしいと思《おも》わなかったよ。期待《きたい》してたのになあ。
そうなんだ。ためしに買《か》いに行《い》ってみようかなあ。

事実《じじつ》と意見《いけん》を分《わ》ける！

NG《エヌジー》！

昨日《きのう》、駅前《えきまえ》のおいしくないパンやさんに行《い》ったよ。期待《きたい》してたのになあ。
ベーカリー
まずいなら、行《い》くのやめようかな。

情報発信《じょうほうはっしん》には責任《せきにん》をもつ！

「〜らしい」「〜みたい」といううわさ話《ばなし》には気《き》をつけよう。事実《じじつ》とはちがう話《はなし》を周囲《しゅうい》に広《ひろ》げてしまうことで、きずつく人《ひと》がいるかもしれないからね。不確《ふたし》かな情報《じょうほう》をそのまま信《しん》じるのもよくないよ。人《ひと》に伝《つた》える前《まえ》に事実《じじつ》を確認《かくにん》するようにしよう。

チュルルって「ようかい」らしいよ…
え〜っ
コソコソ…
ようせいですぞ!!

 ワークの答《こた》え　事実《じじつ》：❶❺❻　意見《いけん》：❷❸❹❼❽

意見《いけん》の理由《りゆう》を説明《せつめい》しよう

パパ、明日《あした》は朝《あさ》からお出《で》かけしてくれない？
ソワソワ
劇団《げきだん》の友《とも》だちが遊《あそ》びに来《く》るからさ。
えっ？
ママは家《いえ》にいるのに？パパもお友《とも》だちに会《あ》いたいですよう〜。
それは、だめなの!!
ブ〜
何《なん》で〜？ そんなのさびしいですよ〜。
だめったらだめなの!!
明日《あした》は、パパのサプライズお誕生《たんじょう》日《び》会《かい》の、準備《じゅんび》をする日《ひ》なんだから!!
えっ？
え？
え〜!?
マドモアゼルたち…！
サプライズのつもりだったのに〜！
フツーにおいわいしよ！
愛《あい》されパパさんですな♡

理由《りゆう》を言《い》うと、どうしていいの？

自分《じぶん》の意見《いけん》を伝《つた》えるとき、理由《りゆう》もいっしょに言《い》っているかな？　とくに話《はな》し合《あ》いの場《ば》などでは、理由《りゆう》も伝《つた》えることで自分《じぶん》の考《かんが》えを理解《りかい》してもらえるようになるよ。

クロールの息《いき》つぎができるようになりたいから、スイミングに通《かよ》いたい。
クロール
フム…

明日《あした》は電車《でんしゃ》で行《い》きたいな。バスはおくれるから集合時間《しゅうごうじかん》に間《ま》に合《あ》わないかも。
わかった！

「なるほど」と思《おも》える理由《りゆう》は強《つよ》い！

理由《りゆう》がしっかりしていればいるほど、相手《あいて》に「なるほど！」と思《おも》ってもらえるよ。たとえば、学習《がくしゅう》じゅくに通《かよ》いたいとお願《ねが》いする場合《ばあい》、「なんとなく行《い》ってみたい」「友《とも》だちが通《かよ》っているから」と言《い》うよりは、「苦手《にがて》な算数《さんすう》を克服《こくふく》したいから」「中学受験《ちゅうがくじゅけん》をしたいから」と言《い》うほうが説得力《せっとくりょく》があると思《おも》わない？　理由《りゆう》を伝《つた》えることは、おたがいに理解《りかい》し合《あ》うことにつながるんだよ。

人《ひと》によって理由《りゆう》はさまざま

あるテーマについて話《はな》し合《あ》ったとき、みんなが同《おな》じ意見《いけん》だったとしても、その理由《りゆう》は人《ひと》それぞれちがうことがあるよ。

例《れい》 話《はな》し合《あ》いのテーマ
スタジオのそうじはみんなでやるべきか。

理由《りゆう》は？

賛成《さんせい》
みんなでそうじをしたら、おしゃべりもできて楽《たの》しいよ！
賛成《さんせい》
みんなでやれば、すぐ終《お》わって帰《かえ》れるからね！
賛成《さんせい》
みんなで使《つか》ったんだから、みんなが責任《せきにん》をもって次《つぎ》に使《つか》う人《ひと》のためにきれいにしておくべきだと思《おも》うから。

意見《いけん》には根《ね》っこが生《は》えている？

木《き》にたとえてみると、「意見《いけん》」は葉《は》っぱの部分《ぶぶん》。木《き》の葉《は》っぱにはそれを支《ささ》える、根《ね》っこや幹《みき》があるね。この意見《いけん》を支《ささ》える部分《ぶぶん》のことを「根拠《こんきょ》」というんだ。

根拠《こんきょ》とは、その意見《いけん》をもった理《り》由《ゆう》（よりどころ）になる事実《じじつ》のこと。根拠《こんきょ》がしっかりしていればいるほど、大《おお》きな木《き》になって説得力《せっとくりょく》が生《う》まれるよ。

意見《いけん》
考《かんが》えや主張《しゅちょう》、推測《すいそく》など。
根拠《こんきょ》
意見《いけん》のもとになる事実《じじつ》。

数字《すうじ》やデータで、より根拠《こんきょ》がはっきりする！

話《はな》し合《あ》いのときや、お願《ねが》いごとを聞《き》いてほしいときなどには、やみくもに自分《じぶん》の意見《いけん》を主張《しゅちょう》するのではなく、数字《すうじ》やデータを加《くわ》えてはっきりとした根拠《こんきょ》を示《しめ》すようにしよう。

家《いえ》の人《ひと》におこづかいアップをお願《ねが》いする場合《ばあい》

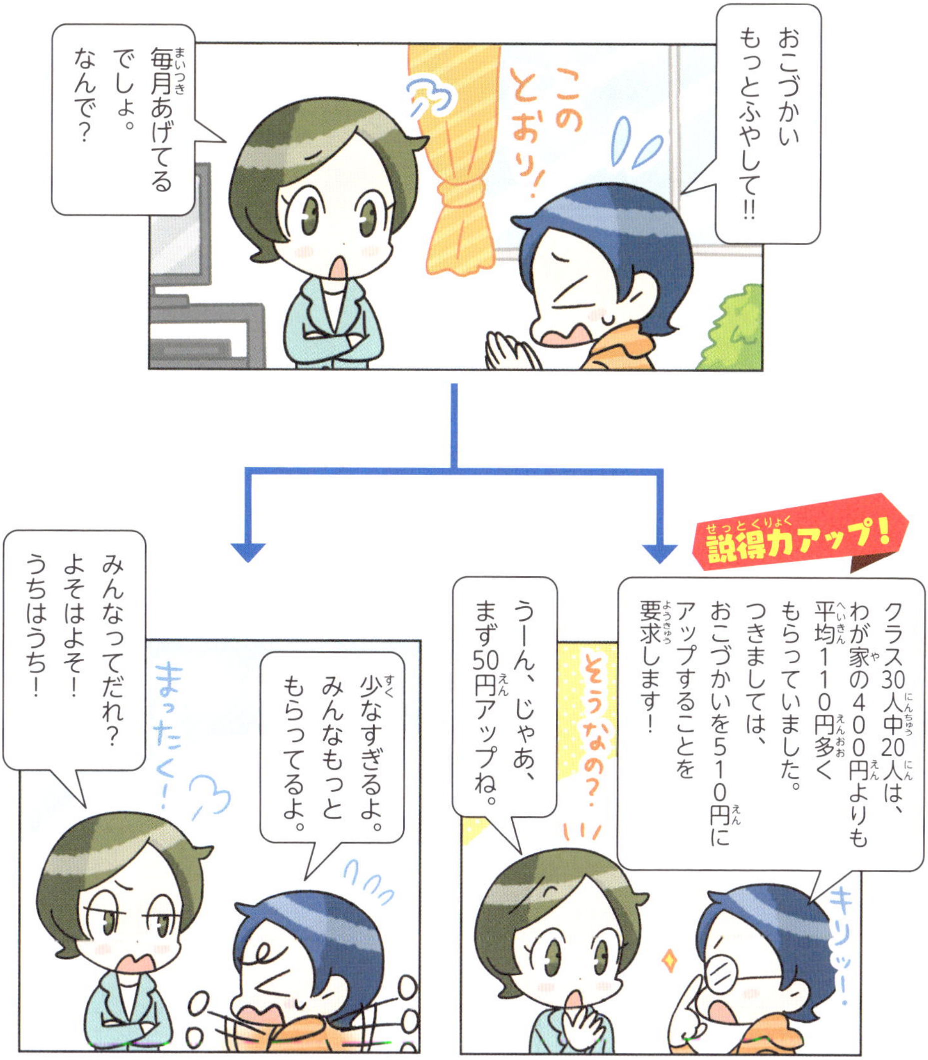
おこづかいもっとふやして!!
このとおり!
毎月《まいつき》あげてるでしょ。なんで?
少《すく》なすぎるよ。みんなもっともらってるよ。
まったく!
みんなってだれ? よそはよそ! うちはうち!
説得力《せっとくりょく》アップ!
クラス30人中《にんちゅう》20人《にん》は、わが家《や》の400円《えん》よりも平均《へいきん》110円多《えんおお》くもらっていました。つきましては、おこづかいを510円《えん》にアップすることを要求《ようきゅう》します!
キリッ!
そうなの?
うーん、じゃあ、まず50円《えん》アップね。

敬語《けいご》を上手《じょうず》に使《つか》おう

ドラマ、無事《ぶじ》クランクアップ！（撮影終了《さつえいしゅうりょう》）
おつかれ！
いっしょに出《で》てた
撮影中《さつえいちゅう》は大変《たいへん》お世話《せわ》になりました。
みなさんに教《おし》えていただいたことを忘《わす》れずに、これからもがんばります!!
ワーーーッ
パチパチ
ほぉ〜
ゆうくん、すごいねえ。大人《おとな》みたいな話《はな》し方《かた》してる〜。
敬語《けいご》であいさつするようにしたんだよ。ていねいに言《い》いたいときに使《つか》うんだぜ。
あっ！
ペコ！
たまにはいいこと言《い》うね!! 失礼《しつれい》いたしました〜。
それも敬語《けいご》だけどさ…。

敬語《けいご》はどんな場面《ばめん》で使《つか》うの？

敬語《けいご》とは、相手《あいて》をうやまう気持《きも》ちや感謝《かんしゃ》の気持《きも》ちなどを表《あらわ》す、ていねいな言葉《ことば》づかいのこと。目上《めうえ》の人《ひと》や、初《はじ》めて会《あ》う人《ひと》、よくお世話《せわ》になる人《ひと》などに使《つか》うことが多《おお》いよ。ていねいな言葉《ことば》づかいで話《はな》しかけると、相手《あいて》もていねいに答《こた》えてくれるよ。

[目上《めうえ》の人《ひと》、初《はじ》めて会《あ》う人《ひと》、お世話《せわ》になる人《ひと》など]

学校《がっこう》やじゅくの先生《せんせい》
おはようございます。

クラブのコーチ
よろしくお願《ねが》いします。

お医者《いしゃ》さんや看護師《かんごし》さん
おなかがちょっといたいです。

店員《てんいん》さん
これいくらですか？
全部《ぜんぶ》100円《えん》だよ！
てづくりおにぎり

親《しん》せきの人《ひと》や近所《きんじょ》の人《ひと》
ありがとうございます。

きみが尊敬《そんけい》する人《ひと》
ピョンさま
サイン会《かい》
サインをもらえませんか？
Thank you

敬語《けいご》を使《つか》いこなそう！

ていねい語《ご》

終《お》わりに、「です」「ます」「ございます」などをつけて、相手《あいて》にていねいに接《せっ》する気持《きも》ちを表《あらわ》す言葉《ことば》。目上《めうえ》の人《ひと》や初《はじ》めて会《あ》った人《ひと》と話《はな》すときや、たくさんの人《ひと》の前《まえ》で話《はな》すときに使《つか》ってみよう。

ペンの売《う》り場《ば》はどこですか？
こちらにございます。
自由研究《じゆうけんきゅう》について発表《はっぴょう》します！

敬語《けいご》を使《つか》いすぎるとインギンブレイ？

相手《あいて》に失礼《しつれい》のないように使《つか》う敬語《けいご》だけれど、使《つか》いすぎると失礼《しつれい》になってしまうことがあるんだ。言葉《ことば》や態度《たいど》がていねいすぎていやみになることを「慇《いん》懃無礼《ぎんぶれい》」というよ。初《はじ》めのうちは、使《つか》う場面《ばめん》や使《つか》い方《かた》になやむかもしれないけれど、あまり気《き》にしすぎず、まずはどんどん敬語《けいご》を使《つか》ってみよう。

先生《せんせい》がかしてくださったご本《ほん》を拝読《はいどく》しましたが、たいそうむずかしゅうございました！

尊敬語《そんけいご》

相手《あいて》の動作《どうさ》などを高《たか》めることで、うやまう気持《きも》ちを表《あらわ》す言葉《ことば》。

「～られる」

先生《せんせい》が帰《かえ》る。 ➡ 先生《せんせい》が**帰《かえ》られます**。

「お（ご）～なる」

先生《せんせい》が話《はな》す。 ➡ 先生《せんせい》が**お話《はな》しになる**。

「特別《とくべつ》な言《い》い方《かた》」をする

先生《せんせい》が来《く》る。 ➡ 先生《せんせい》が**いらっしゃる**。

ほかにもあるよ！ 特別《とくべつ》な言《い》い方《かた》

（相手《あいて》が）いる・行《い》く ➡ いらっしゃる
（相手《あいて》が）言《い》う ➡ おっしゃる
（相手《あいて》が）食《た》べる ➡ めし上《あ》がる

けんじょう語《ご》

自分《じぶん》や身内《みうち》の動作《どうさ》をけんそん（下《した》の立場《たちば》に置《お》くこと）して、相手《あいて》をうやまう気持《きも》ちを表《あらわ》す言葉《ことば》。

「お（ご）～する」

ぼくが説明《せつめい》する。 ➡ ぼくが**ご説明《せつめい》します**。

「特別《とくべつ》な言《い》い方《かた》」をする

前須《まえす》トロと言《い》います。 ➡ 前須《まえす》トロと**申《もう》します**。

ほかにもあるよ！
特別《とくべつ》な言《い》い方《かた》

（自分《じぶん》・身内《みうち》が）
行《い》く・たずねる・聞《き》く ➡ うかがう

（自分《じぶん》・身内《みうち》が）
食《た》べる・もらう
➡ いただく

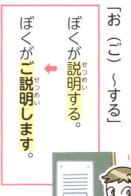

場面《ばめん》に合《あ》った伝《つた》え方《かた》を身《み》につけていこう

自分《じぶん》が「伝《つた》えた」と思《おも》っていても、相手《あいて》が理解《りかい》していなかったり、かんちがいをして、きちんと「伝《つた》わっていない」ということが起《お》きている可能性《かのうせい》もあるよ。話《はな》し方《かた》や言葉《ことば》の使《つか》い方《かた》を工夫《くふう》して、場面《ばめん》に合《あ》った伝《つた》え方《かた》ができるようになろう。

会話《かいわ》・おしゃべり

今《いま》の説明《せつめい》でわかった?
もう1回《かい》教《おし》えてほしい…
算数《さんすう》
おたがいに確《たし》かめ合《あ》って話《はな》す!

発表《はっぴょう》

夕立《ゆうだち》について
①いつ
②どこで
③何《なん》の
順番《じゅんばん》に説明《せつめい》します!
お〜!
話《はな》す順番《じゅんばん》を考《かんが》える!

話《はな》し合《あ》い

オレは●●で●●だから、●●した方《ほう》がいいと思《おも》う!
ほ〜…!
理由《りゆう》を伝《つた》える!

報告《ほうこく》

あのプードル、オレはこわいけどかしこそうだよね
わかる〜
事実《じじつ》と意見《いけん》を分《わ》ける!

気持《きも》ちが通《つう》じ合《あ》えば、世界《せかい》はもっと広《ひろ》がる！

わかりやすい伝《つた》え方《かた》＝考《かんが》える力《ちから》になる！

話《はな》す内容《ないよう》を組《く》み立《た》てて、相手《あいて》や場面《ばめん》に合《あ》わせて伝《つた》えるという作業《さぎょう》は、自分《じぶん》の頭《あたま》の中《なか》で物事《ものごと》を考《かんが》えるときにも役立《やくだ》っているよ。

おたん生《じょう》日《び》会《かい》をしたい
・メンバーは？　・どこで？
・いつやる？　・何《なに》をする？
・プレゼントは？
う〜ん
Me

たくさんの言葉《ことば》を知《し》っていれば、より的確《てきかく》に表現《ひょうげん》できるようになるし、身《み》ぶり手《て》ぶりや表情《ひょうじょう》などを豊《ゆた》かにすれば、相手《あいて》も打《う》ち解《と》けた気持《きも》ちになるものだよ。**相手《あいて》と理解《りかい》し合《あ》うための“コミュニケーション”はたくさんの経験《けいけん》を積《つ》まないとうまくならない**んだ。だから、こわがらずにどんどん自《じ》分《ぶん》の気持《きも》ちを伝《つた》えていこう！

失敗《しっぱい》は成功《せいこう》のもと!!
勇気《ゆうき》を出《だ》して、たくさん話《はなし》をしてみるのですぞ。
そして、ワタクシは、そろそろピアノの中《なか》に帰《かえ》るとしましょう…。
みなさん、さらばっ!!
チュルルまってよ〜!!!
キャ〜〜!!
チュルル

急《きゅう》に帰《かえ》ろうとするなんて、ひどいよ!!
いやはや…
これにはわけがありまして…。
実《じつ》はワタクシ、チャオという恋人《こいびと》がいるんですが、
オペラ歌手《かしゅ》
チャオ
ケンカをしたまま、こちらの世界《せかい》に来《き》てしまったのです。
そろそろ帰《かえ》ってあやまらないと、大変《たいへん》なことになりそうでして…。
え〜〜!!
それは、早《はや》くあやまらないと!!
でも、どうしてケンカになっちゃったの?
いや〜
たいしたことではないんですがね…。
彼女《かのじょ》のリボンの色《いろ》が変《か》わったことに気《き》づかなかったのですが、
気《き》づかないなんて
ヒドいわ!!
ええ…
つい「そんなこと?」と言《い》ってしまいまして…。

チュルル〜！
それ、「たいしたことない」って決《き》めつけてるよ〜。
ゴニョゴニョ…
だって、色《いろ》ちがいに気《き》づかなかったくらいでそんな…。
それも言《い》い訳《わけ》〜！
チャオは、好《す》きな人《ひと》に見《み》てほしかったんだよ？
相手《あいて》の気《き》持《も》ちを考《かんが》えることも大事《だいじ》なんでしょ？
ハッ！
たしかに、そうでしたな…。
みなさん、ワタクシの教《おし》えをきちんと身《み》につけておられますな。
（すばらしい）
マ〜ベラス！
まことにすばらしいことでありますぞ!!
いや、今《いま》はそこじゃないでしょ。
そうそう！
チュルルは気《き》持《も》ちの伝道師《でんどうし》なんだから!!
気《き》持《も》ちは言《い》わなきゃ伝《つた》わらない！
よね！

よ〜し！
チャオにごめんなさいを伝《つた》えますぞ〜。
ギュ〜ン！
そのころのチャオ（ピアノの中《なか》の世界《せかい》）
La〜
LaLa〜
あれが、ワタクシの愛《あい》するチャオです。
チャオ、すてき〜♡
さっ、チュルル。
う、むむ…。
チャ、チャーオ…。
チュルル!?

この前《まえ》はすまなかったですぞ。すてきなリボンに気《き》づかなくて…。
チャオの美《うつく》しい白毛《しろげ》には、どんな色《いろ》も負《ま》けてしまうほどなのですぞ。
Mo.《マエストロ》チュルル…。
わたしもごめんなさい。怒《おこ》りすぎちゃったわ。
ずっとここから、あなたの活躍《かつやく》を見《み》ていたのよ。気持《きも》ちの伝道師《でんどうし》、かっこよかったわ♡
チュ
!!!
おじゃまみたいだから、わたしたちは帰《かえ》りまーす!!
チュルルの教《おし》えは忘《わす》れないよ!!
みなさんのことは、ずっと見守《みまも》っておりますからな、お達者《たっしゃ》で!!
Fine!《おしまい》

おわりに

保護者のかたへ

「自分の思いを届けたい」「相手とわかり合いたい」という気持ちは、一生続く願いかと思います。しかし、それがうまくできなくて、悩んだり苦しんだりすることが多いのではないでしょうか。生きやすさを左右するといっても過言ではない「分かり合える幸せな関係性」の基本となるのが、人とのコミュニケーションのあり方です。

子どもは、まずその核となる部分を親との関係で学びます。ですから、日常生活を送る中で、その基本を楽しみながら身につけられたらいいですね。

言葉は、相手を癒すことも、傷つけることもできます。親世代の皆様は、そんな体験を積み重ねてきたのではないでしょうか。よく、自分がされたことと同じことを次世代にもしてしまうともいわれますが、自分自身が気づくことができれば、違うアプローチが可能になります。

私は、25年にわたり、延べ2万人のお悩みを聞く仕事をしてきましたが、悩みの本質は何も変わっていません。「身近にいる人に自分のことを理解してほしい」ということに尽きるのです。

そして、子どもにとっては、その最たる相手が親だということです。中高年になってもなお、親に理解されなかったことがわだかまりとして残っていて、本来の自分に向き合えず、自己否定してしまう方々をたくさん見てきました。それを避け、子どもの自己肯定感を育むためには、まず、子どもに対して所有、支配の対象という感覚を持たないことが重要です。

「だから言ったでしょ」「言うことを聞いていればいいの」「あなたのためを思って」といった台詞には、支配欲が表れています。

親が言葉選びを意識することで、自然と

子どもの発する言葉が変化していきます。決して美辞麗句を並べるということではありません。心の通った言葉が必要で、相手が受け取りやすい表現で伝えることを意識してください。

婉曲表現や遠回しな言い方、あえて傷つけるような言い方を避けることが大事です。本来の目的は分かり合うことなのですから、相手がキャッチしやすい言葉を選びたいですね。

日本語にはたくさんのニュアンスの違う言葉があります。ひとつのことを、さまざまな表現で伝えられたら素敵です。その表現の仕方を親も一緒に探してみませんか。

子どもが乱暴な言葉をつかったり、友だちから言われたことで落ち込んでいるときこそ、どう伝えればよいのかを話す絶好の機会です。親子で考えるきっかけにしていただければと思います。

また、子どもの意見や行動を否定しないことも大切です。間違ったことや親の意に反することもあると思いますが、頭ごなしに「○○しないで！」と否定するのではなく、「こうしてね」と肯定形で促すようにしましょう。さらには、「どう？」と子どもの気持ちも確かめられるとよいですね。

間違いも「そう思ったんだね」「こうしたかったんだね」と一旦受け止めてから、促すことが必要です。この「受け止め」が最も大切なポイントです。子どもとの会話は、打ち返すラリーでなく、受け止めてから投げるキャッチボールを意識してください。

親との良好な関係が、子ども自身の友人知人の関係性に波及していきます。そして、それは子どもにとって「自ら生きていく力」になり、一生の宝ものになることでしょう。

大野萌子

監修《かんしゅう》　大野萌子（おおの もえこ）

一般社団法人日本《いっぱんしゃだんほうじんにほん》メンタルアップ支援機構代表理事《しえんきこうだいひょうりじ》。公認心理師《こうにんしんりし》、産業《さんぎょう》カウンセラー、２級《きゅう》キャリアコンサルティング技能士《ぎのうし》。企業内《きぎょうない》カウンセラーを長年務《ながねんつと》めた経験《けいけん》から、人間関係改善《にんげんかんけいかいぜん》スキルを得意《とくい》とする。

どんな子《こ》だった？　友《とも》だちとたくさん話《はな》したい、仲《なか》よくなりたいと思《おも》いつつ、うまく表現《ひょうげん》できないことが多《おお》く遠慮《えんりょ》がちでした。相手《あいて》の反応《はんのう》を気《き》にしすぎていたからだと思《おも》います。あるときから勇気《ゆうき》を出《だ》して「こうしたいな」と自分《じぶん》の意思《いし》をはっきり伝《つた》えられるようになり、ラクに楽《たの》しく過《す》ごせるようになって友《とも》だちがふえました。

マンガ　みるパン

イラストレーター、マンガ家《か》。広島県出身《ひろしまけんしゅっしん》。新聞社《しんぶんしゃ》・広告代理店《こうこくだいりてん》に勤務《きんむ》したのち、フリーランスになる。かわいらしくわかりやすいイラストがモットー。

どんな子《こ》だった？　人見知《ひとみし》りで、人前《ひとまえ》で話《はな》すことが大《だい》のニガテでした。好《す》きなマンガやアニメがあれば一人《ひとり》で楽《たの》しく過《す》ごせる子《こ》どもでしたが、その一方《いっぽう》でクラスメイトが登場《とうじょう》するマンガをかいてみんなに見《み》せたり、アニメについて熱《あつ》く語《かた》ったりと、好《す》きなものに関《かん》しては社交的《しゃこうてき》な一面《いちめん》もありました。

【スタッフ】
本文デザイン　加藤朝代（編集室クルー）
装丁デザイン　鈴木大輔・江﨑輝海（ソウルデザイン）
校正　くすのき舎
編集協力　板谷路子

10才《さい》からの気持《きも》ちを上手《じょうず》に伝《つた》える方法《ほうほう》

2024年　11月10日　第1刷発行

監　修　大野萌子
マンガ　みるパン

発行者　永岡純一
発行所　株式会社永岡書店
〒176-8518　東京都練馬区豊玉上1-7-14
（代表）03-3992-5155　（編集）03-3992-7191

印刷・製本　クループリンティング

ISBN978-4-522-44211-1　C8076